JN298401

サプライチェーンの情報構造

瀬戸廣明

本田道夫

　著

文眞堂

ま え が き

　本書は流通から生産の始めまでのサプライチェーンを、2001年3月までのデータを用いて、論理的実証的に研究している。
　研究対象とした産業は自動車、家電そして情報家電（ノートパソコン）である。これらの産業における基本的調達リードタイムはアセンブリメーカ(AM)のリードタイムである。自動車産業では、北米でも日本でも、AMはN週の生産のための部品・材料の発注をN-2週にTier1サプライアに対して行う。日本においては、家電、情報家電産業も同様である。米国自動車1位メーカと、北米立地の日本1位メーカの現地自動車製造統轄会社と工場、それに日本立地の日本家電メーカはこのリードタイムで生産に入る。日本立地の日本自動車メーカの上位2社は、納入指示板を用いるか（1位メーカ）、中5稼働日を置いての1日分を毎日発注する（2位メーカ）。これを可能にしているのは、$(1 - |計画量－実現量|/計画量) \times 100$と定義される1ヵ月内示の精度が高いことである。自動車の下位メーカとノートパソコンメーカではこの1ヵ月内示の精度が低い。このことが同期化納入をして貰わなければならない日数の契約となって表れる（ここまで、第1・2・10章）。出発点である流通については、1・2位メーカを含む4社系列の自動車の地区販社データと家電・情報家電専門量販店の平成12年度 ROI (return on investment) 1位企業のデータに基づいている（第3章）。
　AMの基本的調達リードタイムに応えるために行うTier1、Tier2、Tier3の活動の数値が——企業秘密を守るために幅を持たせてはいるが——流通在庫、仕掛在庫、AMへの納期回答の速さ、納入先であるAMからの内示のローリング、確定発注、生産計画対象期間、仕入先への内示のローリング、仕入確定発注、仕入先からの納入回数、生産開始、最初の製品の完成（生産開始から最初の製品の完成までは生産期間として重要である。）そして納入

先への納入回数の各項目について与えられている（第4章～第6章）。銑鋼一貫、シリコンウエハそして半導体の各メーカにおける「生産の開始から最初の製品の完成」までの期間は2～3ヵ月と長い。AMからの発注はN-2週に行われる。銑鋼一貫メーカ等へはAMからの内示段階で確定発注を、しかしながら、AMからはN-2週発注を可能にする役割を担うのが総合商社である（第8・9章）。

それぞれの産業、企業には特有の専門用語があり、内容が同じでも表現が異なることが少なくない。それは方言が持つ微妙な味にも似て、一方においては尊重すべきものであるが、他方においては出来るだけ統一した表現を用いたい。本書では、この両方を活かすために、企業からの回答は出来るだけ原文のままとし、他との比較に便利なように著者によるコメントを付け加えている。

一つ一つの産業についての知識はその産業の専門職に及びもつかないが、多くの産業にお邪魔をして勉強させて頂くことによって醸成した知見らしきものを社会にお返しするのが研究の末席に連なるものの責務かと考えて、失礼をも顧みず多くの企業からお時間を頂戴した。

この研究は1990年に始まり、1998年3月までは両名とも在職した香川大学経済学部において、面接調査を繰り返し、歴代の経済学部長が企業へ面接調査依頼状を書いて下さった。このことは一人が香川大学を停年退官して高松大学へ移った後も続き、本書の根幹をなす平成9年度～12年度文部科学省科学研究費補助金基盤研究(B)による調査研究に際しても、この間、高松大学においてご懇篤な依頼状を書いて下さり、また常日頃研究の進展を気にかけて下さった圓藤眞一、三浦和夫の両学長先生のお陰で、企業への調査を無事了えたのであった。また、香川大学の研究補助スタッフ、高松大学の事務スタッフにおかれては長年に亘って研究の円滑な進行に協力下さった。

本書の出版にあたってお世話下さった法政大学名誉教授経済学博士・東海学園大学経営学部教授　下川浩一先生、また出版事情の厳しい中お引き受け下さり親身になってご指導下さった文眞堂　前野弘氏、前野隆氏には衷心より御礼申し上げます。

本書は、日本学術振興会平成15年度科学研究費補助金（研究成果公開促進費）の交付を受けて刊行されるものであり、それに値する役立ちが出来ることを切に願っております。

2004年1月

著　者

目　次

まえがき

第1章　サプライチェーンの情報構造―論理展開― ……………… 1
1.1　アセンブリメーカの調達リードタイム …………………………… 1
1.2　発注から実際に生産に入るまで …………………………………… 3
1.3　自動車産業における Tier 1、Tier 2、Tier 3 ……………………… 6
1.4　同期日数 ……………………………………………………………… 7
1.5　VMI (Vendor Managed Inventory) ………………………………… 10
1.6　Information-Oriented Gantt Chart ………………………………… 12
1.7　結　論 ………………………………………………………………… 14

第2章　アセンブリメーカにおける調達のリードタイム …… 16
2.1　北米市場 ……………………………………………………………… 16
　2.1.1　北米立地の日本自動車製造会社と Tier 1 ……………………… 16
　2.1.2　北米市場における週次生産について …………………………… 18
2.2　日本市場におけるアセンブリメーカの調達リードタイム ……… 21
　2.2.1　確定発注 …………………………………………………………… 21
　2.2.2　確定発注から生産まで …………………………………………… 24
　2.2.3　確定発注を支える内示 …………………………………………… 31

         2.2.3.1　乗用車（AM1000 とその Tier 1 の場合）……………… 32
         2.2.3.2　乗用車（AM2000 とその Tier 1 である AM2100
                 の場合）………………………………………………… 33
         2.2.3.3　家庭用電気洗濯機…………………………………… 34
         2.2.3.4　ノートパソコン……………………………………… 35
  2.3　確定発注に代わる Vendor Managed Inventory ……………………… 36
  2.4　第 2 章補論　加工食品の生産・流通における総合食品卸商の役割 … 37
      2.4.1　1999 年訪問　総合食品卸商 FW1000 ……………………………… 37

第 3 章　流　　通 ……………………………………………………………… 40

  3.1　家電・情報家電 ………………………………………………………… 40
      3.1.1　1990 年代前半 …………………………………………………… 40
      3.1.2　2002 年 …………………………………………………………… 41
  3.2　乗用車 …………………………………………………………………… 44
      3.2.1　1990 年代前半 …………………………………………………… 44
      3.2.2　1999 〜 2000 年 ………………………………………………… 44
         3.2.2.1　AD1100（AM1000 系列の地区販売会社）……………… 45
         3.2.2.2　AD1200（AM1000 系列の地区販売会社）……………… 49
         3.2.2.3　AD2100（AM2000 系列の地区販売会社）……………… 52
         3.2.2.4　AD4100（アセンブリメーカ AM4000 系列の地区
                 販売会社）……………………………………………… 54
         3.2.2.5　AD5100（アセンブリメーカ AM5000 系列の地区
                 販売会社）……………………………………………… 58

第 4 章　自動車産業におけるサプライア ………………………………… 60

  4.1　1990 年代前半 …………………………………………………………… 61
      4.1.1　Tier 1 AM1300（AM1100 に代えて）………………………… 61
      4.1.2　Tier 1 AM1200 …………………………………………………… 64
  4.2　1997 年〜 2001 年 ……………………………………………………… 65

	4.2.1 Tier 1 AM1100	65
	4.2.1.1 Tier 2 AM1110	71
	4.2.1.2 Tier 3 AM1111（AM1110 の上流）	77
	4.2.1.3 Tier 3 AM1112（AM1110 の上流に位置する専門商社）	78
	4.2.1.4 Tier 2 AM1120	78
	4.2.1.5 Tier 2 AM1130	79
	4.2.2 Tier 1 AM1200	87
	4.2.2.1 Tier 2 AM1210	92
	4.2.2.2 Tier 2 AM1220	97
	4.2.3 Tier 1 AM2100	101

第5章 家電産業におけるサプライア ... 108

5.1 1997年～2001年 ... 108
  5.1.1 Tier 1 DE1100 ... 108
  5.1.2 Tier 1 DE1200 ... 113

第6章 情報家電産業におけるサプライア ... 118

6.1 1990年代前半 ... 118
  6.1.1 Tier 1 PC1100 ... 118
6.2 1999年～2001年 ... 120
  6.2.1 Tier 1 NP1300 ... 120
    6.2.1.1 Tier 2 NP1310 ... 129
  6.2.2 Tier 1 NP1100 ... 132
  6.2.3 Tier 1 NP1200 ... 139
    6.2.3.1 Tier 2 NP1220 ... 147
  6.2.4 Tier 1 NP1400 ... 151
  6.2.5 Tier 1 CH9100 ... 157
  6.2.6 Tier 1 CH9200 ... 163

第7章 情報家電産業における専門商社 …………………… 170

7.1 1997年以前 ……………………………………………………… 170
7.1.1 ICとLSIを製造するメーカとConsumer electronicsメーカをつなぐ専門商社 ………………………………… 170
7.2 1997年以降 ……………………………………………………… 171
7.2.1 WE4000 ……………………………………………………… 171

第8章 情報家電産業における総合商社 …………………… 175

8.1 WE2000 …………………………………………………………… 178
8.2 WE3000 …………………………………………………………… 181
8.3 WE1000 …………………………………………………………… 185

第9章 自動車産業における総合商社 ……………………… 193

9.1 WS2000 …………………………………………………………… 195
9.1.1 銑鋼一貫メーカと自動車アセンブリメーカの間に立つ総合商社の役割 ……………………………………… 196
9.2 WS1000 …………………………………………………………… 201
9.3 WS3000 …………………………………………………………… 204

第10章 Information-Oriented Gantt Chart …………… 213

10.1 1993～1994年訪問　銑鋼一貫メーカ3社 …………………… 213
10.2 1996年訪問　銑鋼一貫メーカST1000 ……………………… 216
10.3 2001年訪問　銑鋼一貫メーカST1000 ……………………… 220

付録A 調査対象会社について …………………………………… 222

索引 ………………………………………………………………………… 224

第1章
サプライチェーンの情報構造—論理展開—

　著者は、1997年からの4年にわたって、北米および日本の自動車（乗用車、スポーツユーティリティ車）、家電、情報家電を調査し、以下の二つのことが分かった。(1) 次の三つの産業に属するアセンブリメーカはN週に行う生産のための発注をN-2週に行う。それらアセンブリメーカは、米国自動車メーカ、北米立地の日本自動車メーカ、日本立地の日本自動車メーカ、日本立地の日本家電（具体的には、家庭用電気洗濯機）メーカ・情報家電（具体的には、ノートパソコン）メーカである。(2) VMI (Vendor Managed Inventory) はVMIに至る内示過程ほどの重要性はない。VMIを用いるメーカにおいては、4週間（あるいは1ヵ月）内示は用いられないが、それはおそらく4週間（あるいは1ヵ月）内示の精度が落ちるからであろう。

1.1　アセンブリメーカの調達リードタイム

　Bhaskaran (1998) と著者の調査の示すところでは、米国の自動車1位メーカと北米立地の日本自動車メーカは、自らのN週における生産のために、材料や部品を供給するサプライアに対して、図1-1が示すようにN-2週に発注する。この図のメーカは、(#で示すように) N-2週の水曜日にサプライアに発注し、($で示すように) 生産週であるN週に部品・材料を受け入れる。

さらに、この北米立地の日本自動車メーカは13週内示のローリングをしながら、次月1ヵ月の生産計画を内示としてサプライアに与える。この1ヵ月内示は、その精度の高いことから、サプライアにとって極めて有用である。内示の計画数量の精度は、1ヵ月内示と限らないで、一般的に下の式で与える。

$$(1 - |\text{実現数量} - \text{計画数量}|/\text{計画数量}) \times 100$$

図 1-1　アセンブリメーカの基本調達リードタイム

	Week N-2			Week N-1					Week N			
AM Tier 1		#		%	%	%	%	%	$	$	$	$

AM　：アセンブリメーカ
$　：アセンブリメーカはN週に生産する。もし生産をN週の月曜日にスタートすれば、乗用車なら5日以内に、ノートパソコンなら約3日後にそして家庭用電気洗濯機なら半日以内に完成する。
#　：アセンブリメーカはN-2週の水曜日にサプライアに発注する。
%　：冷間圧延鋼鈑や半導体以外のサプライアはN週に引き渡す製品をN-1週に生産する。冷間圧延鋼板や半導体は製造指示から完成まで2〜3ヵ月を要する。

上の「N週に行う生産のための発注をN-2週に行う」という発注方式は、もし「週」を「週（旬）」というように「旬」を書き加えるならば、日本立地の日本自動車メーカにも当てはまる。ここで日本立地の日本自動車メーカの1位は旬生産計画である。したがって、以後「週（旬）」と書く。ただし、このメーカにおける旬は10日を意味しない。例えば、2000年4月から2001年3月までの12ヵ月のうちの10ヵ月が四つの旬を含んでいるのである。月によって何日から何日までが第1旬であるかも異なっている。その上、例えば第1旬が含む稼働日数は、4月が3.5であったのに対して、11月は4であ

る。そして1月は6であった。さらに、旬が月曜日から始まるとは限らないのであって、木曜日から——旬が5日を意味するときであるが——翌週の水曜日までであることもある。最初は文字通り10日を意味したであろう旬がこのように変わってきていること自体研究に値すると著者は考えるのであるが、本書では「週（旬）」と表現することで読者のお許しを得たい。

1.2　発注から実際に生産に入るまで

　日本立地のある日本家庭用電気洗濯機メーカは、N-2週に、N週の第1曜日から最終曜日までの各曜日に納入して貰いたい複数の仕様と量を、サプライアに発注する。この洗濯機メーカはこのような発注方式に1998年央に戻した。それまでの短い期間、このメーカは毎日5稼働日を置いての1日分を発注していた。しかしながら、この方式はサプライアにとっては、毎日1日分しか生産計画をたてられないわけである。洗濯機メーカが元の方式に戻した理由は、1ヵ月内示の精度が自動車ほどには高くないことにあった。洗濯機メーカへのサプライアには、下請代金支払遅延等防止法が適用される資本金3億円以下のメーカが多い。これらの小メーカにとっては、1ヵ月内示の精度が低いと、予め造り溜めをすることによって、得意先である洗濯機メーカからの「毎日5稼働日を置いての1日分の発注」に応じなければならない。そうすると、生産をしてから代金を受け取るまでの時間的長さが法律で規定されている2ヵ月を越えることがしばしば起こるであろう。元に戻った1998年央からは、これらの小規模サプライアは、N-2週（この場合は「週」でよい）にN週分1週間のロットを受注するのであるから、1週間ロットの範囲内で、自由に生産計画をたてることが出来るわけである。

　米国1位の自動車メーカと米国立地の日本自動車メーカ、それに日本立地の日本2位の自動車メーカは、N週、そして日本立地の日本1位の自動車メーカは、N旬の第1日から最終日までの各日に納入して貰いたい複数の仕様と量をN-2週あるいはN-2旬に発注する。ただし、図1-1は一つの実例を

示したのであって、水曜日に格別の意味を含ませてはいない。

　著者は前小節で日本立地の日本1位の自動車メーカは、N旬の第1日から最終日までの各日に納入して貰いたい複数の仕様と量をN-2旬に発注すると述べた。このことは量産車種についてはほぼ当てはまるのであるが、量産車種も含めて、多くの車種について、実際に生産に入る前に、流通からの変化に応じて、毎日の生産計画を微調整する。生産計画を微調整した後、この1位メーカはサプライアへの発注を納入指示板である「かんばん」を用いて行う。そして、納入指示を以て発注とするわけである。上流工程（自社工程内における上流工程と他社の最終生産工程の両者を含む）は、下流工程へ自工程の生産物を引き渡したときにこの引き渡した分を補充するために在庫補充生産を行う。在庫補充生産は、(1) 1ヵ月内示の精度が高い、(2) サプライア、その上のサプライア、そして更にその上のサプライアがいずれもその生産を平準化して行うの二つの状況の下で、より少ない仕掛在庫で実現され得る。

　図1-2は、日本立地の日本自動車2位メーカは毎稼働日に中5稼働日を置いての1日分をサプライアに発注し、サプライアはこれに応じて1日分ずつの生産計画をたてて生産することを示している。このメーカはN-2週（この場合は週でよい）の金曜日にN週1週間の各曜日に納入すべき仕様と量をサプライアに発注する。ここまでは、週と旬の違いはあるが、1位メーカと同じである。違いはその次に出て来る。1位メーカにおける納入指示板での発注に相当する発注はN週の最初の曜日である月曜日についてだけである。サプライアは受注後5日以内に製品を作って得意先であるアセンブリメーカに納入する。もしサプライアが5日以内に生産できない場合は、次節に述べるように、12週間内示を用いる。

　次節に移る前に、サプライアを段階別に表すように定義する。これまでわれわれはサプライアとしてアセンブリメーカへ部品・材料を供給するメーカだけを議論の対象にしてきた。しかしながら、このサプライアへ部品・材料を供給するサプライアも存在する。さらに、その上流のサプライアも存在し得る。以下では、サプライアにおける調達・マーケティングを議論するときの用法にしたがって、アセンブリメーカへ部品・材料を供給するサプライ

アを Tier 1、Tier 1[*1]へ部品・材料を供給するサプライアを Tier 2、そして Tier 2 へ部品・材料を供給するサプライアを Tier 3 と呼ぶ。

図 1-2　自動車 2 位メーカの基本調達リードタイム

Week N-2					Week N-1					Week N-2				
				#							$			
					#							$		
						#							$	
							#							$

#と$については、図 1-1 の注を参照。

　「かんばん」によるサプライアへの発注と自動車メーカ内における製造指示とは当然のことながら異なる。本書は調達のリードタイムに力点を置いている関係からメーカ内における製造指示からリリース（ラインオフ）までの所要時間について知っておくことは重要であろう。以下これについて述べる。N-2 旬（旬は 5 日、4 日、6 日と変化に富んでいる。ここでは 5 日としよう。）に当たる n-6 日に地区販売会社から n 日から n+4 日までにリリースする車について、台数と仕様を AM1000 の販売部へ発注して来る。AM1000 販売部では、受注内容を査定して n-5 日に生産管理部へ生産を要望する。生産管理部では自社工場と Tier 1 サプライアとの間で生産調整する。これが図 1-1 に示されている Week N-2 における Tier 1 への発注である。n-4 日から n-3 日朝に掛けて地区販売会社へ n 日から n+4 日までにリリースする車の仮納期を回答する。n-3 日に n 日にリリースする車について地区販売会社から仕様の変更要請が来る（n+1 日にリリースする車についての地区販売会社からの仕様変更要請は n-2 日に来る。n+2 日にリリースする車については n-1 日に来る。以下同様）。これを受けて生産管理部でシステム処理を行って

[*1] 本書では、Tier 1 にはいわゆる第 1 次協力メーカのように乗用車産業に属する部品メーカのみならず、銑鋼一貫メーカや IC メーカのように他産業に属するがアセンブリメーカに ─── 商流では商社と取引するが ─── 直接納入するメーカをも含む。

午後のある時刻に工場へ生産指示を発信する。工場ではこれを受けて n 日にリリースする車の着工順序を決定する。着工するプレス工程はこの日に終わる。n-2 日に板金から塗装へと進む。n-1 日に組立てられる（Tier 1 サプライアへの「かんばん」による納入指示は主としてこの組立工程で行われる）。そして n 日にリリース（ラインオフ）する。

表 1-1 製造指示からリリースされるまでの所要時間

最終製品	所要時間
乗用車	3〜4 日（1 日 2 直 16 時間稼動）。日本立地の日本自動車 1 位メーカの生産する量販車種を例に取る。
ノートパソコン	3 日（1 日 2 直 16 時間稼動）。日本立地の日本ノートパソコンメーカを例にとる。
家庭用電気洗濯機	2 日（1 日 1 直 8 時間稼動）（著者による推定）。日本立地の日本家庭用電気洗濯機メーカを例に取る

1.3　自動車産業における Tier 1、Tier 2、Tier 3

著者は多くの Tier 1 メーカと Tier 2 メーカを訪問したが、ここでは二つのケースについて述べる。ケース 1 は、在庫補充生産がどの段階まで実現しているかであり、ケース 2 は、中 5 稼働日を置いての 1 日分の受注を Tier 1、Tier 2 そして Tier 3 がどのようにこなしているかに関するものである。

図 1-3 の上段はケース 1 に関するものである。1.2 で述べたように、日本立地の日本 1 位の自動車メーカは週ではなく、旬計画で生産も受発注も行っている。しかしながら、旬は月によって変わるので、図にはしくい。これが、図 1-3 の上段では週で表している理由である。アセンブリメーカから N 週（N 旬）に生産する部品・材料を N-2 週（旬）の金曜日（図 1-3 では金曜日であるが、この曜日にはこだわるべきではない）に受注した Tier 1 は部品展

開のための所要日数の後に、N-1 週の火曜日に Tier 2 に発注する。得意先からの発注に即応するように Tier 1 も Tier 2 も最少限度の在庫を持っている。かれらは在庫を補充する生産を計画する。Tier 1 と Tier 2 の間の関係あるいは Tier 2 と Tier 3 の間の関係では、4 週間あるいは 1 ヵ月内示が鍵である。ここで考察する実例では、Tier 2 は Tier 3 に、納入指示は何日か前にするが、発注は 1 ヵ月単位で行うからである。このとき Tier 2 にとって頼るべきは Tier 1 からの 1 ヵ月内示以外にないのであり、その精度が高ければ、Tier 1、Tier 2 そして Tier 3 はいずれも彼らの在庫を最少限度に抑えることが出来る。なお、図 1-3 上段図では、アセンブリメーカから N 週月曜日から金曜日の各曜日に「かんばん」での納入指示と、Tier1 からの納入がある。この納入日であるが、組立工程への納入がほとんどであるので、この納入日が、すなわち車の完成日である。ところが、冷間圧延鋼板の納入はプレスの前であるので、N-1 週の木曜日の午前か水曜日の午後となる。何故ならば、1,000cc から 2,000cc までの最量産車種の製造指示から完成までは 3 稼働日から 4 稼働日であるからである。

　図 1-3 の下段のケースは図 1-2 が示した日本立地の日本自動車 2 位メーカの Tiers に関するものである。Tier 1 は、N 週の生産のための 4 週間内示（1 ヵ月内示）を、N-4 週に受け取る。また、Tier 1 は、N 週の生産のための注文を N-2 週の金曜日に受け取る。ところが、N-2 週金曜日に注文を受ける 1 日前である木曜日に Tier 1 は Tier 2 に対して何日の何時にどの品番をどれだけの量納入するようにと発注する、すなわち、先行発注する。Tier 1 から受注する 1 日前である水曜日に、Tier 2 は Tier 3 に対して何日の何時にどの品番をどれだけの量を納入するようにと, 発注する。これが可能になるのは、繰り返しになるが、1 ヵ月内示の精度が高いことである。

1.4　同期日数

同期日数というとき、以下に述べるように、同期を取っていると認められ

図 1-3　AM–Tier 1, Tier 1–Tier 2, Tier 2–Tier 3 間の基本リードタイム

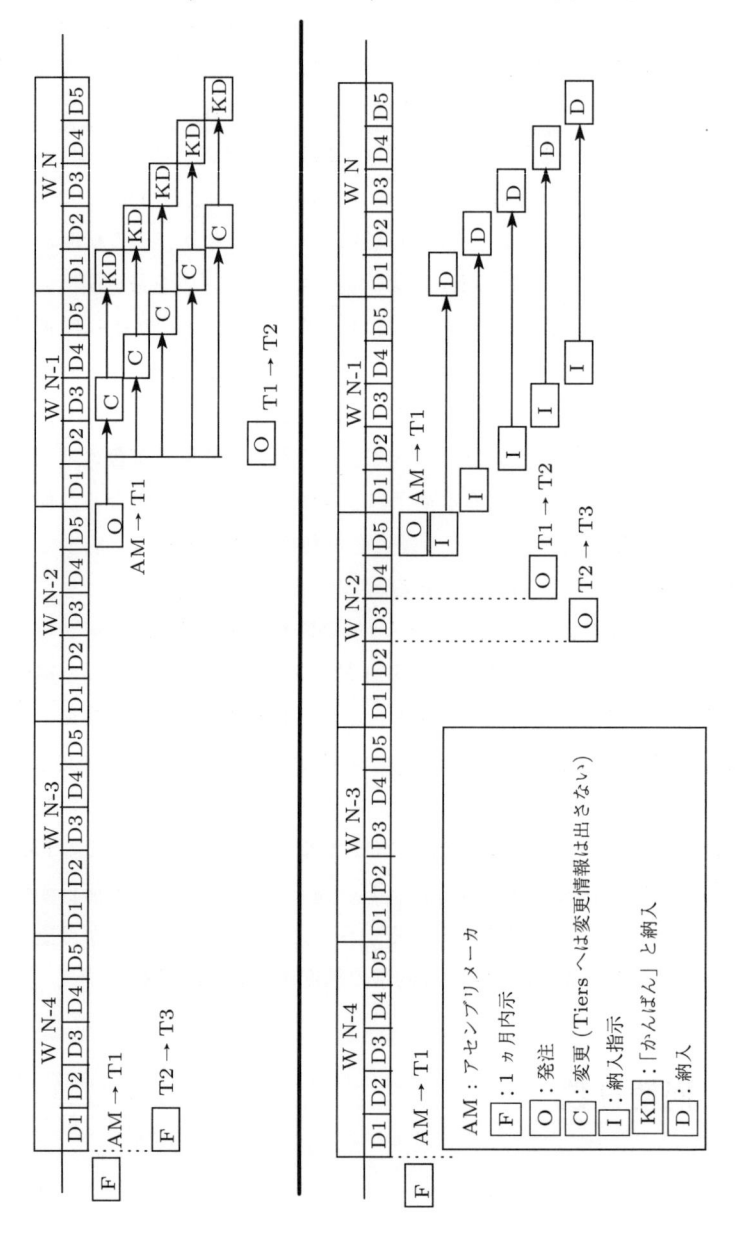

AM：アセンブリメーカ
F：1 ヵ月内示
O：発注
C：変更（Tiers へは変更情報は出さない）
I：納入指示
KD：「かんばん」と納入
D：納入

る場合と、あるいは逆に、同期を取らなければならない日数の場合の二つの場合がある。

これまでは日本立地の家電メーカ 1 社と日本自動車メーカ上位 2 社のアセンブリメーカ—Tier 1 関係を述べてきた。しかしながら、ここに第 3 のケースがある。それは第 3 の（第 3 位という意味ではない）日本立地の日本自動車メーカ（と上の家電メーカ）は、N 週の生産のための発注を、N-2 週に行う。アセンブリメーカ Tier 1 の間に契約が交わされる。この点は自動車上位 2 社の場合と同じである。違うのはこの次である。両者は同期を取る日数について合意する。ここで同期を取る日数は、Tier 1 が得意先であるアセンブリメーカからの発注に応じて同期納入をする余裕日数であり、例えば、3 日である。もし Tier 1 が資本金 3 億円未満であれば、この契約は、Tier 1 に有利に決められる。すなわち、指定納入日 ± 1 日以内に納入すれば、同期を取っていると認められる。しかしながら、もし Tier 1 が大企業であれば、得意先であるアセンブリメーカは、3 日前でさえあれば、仕様と量に関して変更をすることが出来る。従ってこの場合は、日数 3 は Tier 1 にとっては同期を取らなければならない日数になる。

上述した同期化方法と同じシステムはノートパソコンメーカにも用いられている。1997 年央の前には、このノートパソコンメーカは各 Tier 1 に対してそれぞれのリードタイムに基づいて、発注していた。その時には、Tier 1 が同期を取らなければならない日数は、半導体とその関連部品については 4 週間であったのに対して、半導体とその関連部品以外については 2 週間であった。

ノートパソコンメーカにおける着工指示から製品の完成までの所要日数は 1997 年では 7 日であった。製造指示に次いで着工指示があり、製造に入る（着工する）のであり、多くの製造工程を経て製品になる。

1997 年央以来、ノートパソコンメーカは N 週の生産計画を、自動車や家電（具体的には、家庭用電気洗濯機）と同じように、N-2 週に策定するようになった。しかしながら、同期を取っていると認められる日数も、同期を取らなければならない日数も依然としてあるのであり、その日数も 3 と上位 2

社以外の自動車メーカ、それに家庭用電気洗濯機メーカと同じである。日数3は、2001年現在におけるノートパソコンメーカの製造指示から製品完成までの時間的長さに一致している。それ故、日数3はノートパソコンメーカのみならず、もし Tier 1 における製造指示から製品完成までの時間的長さに一致しているならば、Tier 1 にも当てはまる。もし Tier 1 においては3日を越えるならば、次の二つの道を取るであろう：(1) Tier 1 は仕掛在庫を予備として抱えることによって3日以内に生産を終えるようにする。この場合には次次節 (1.6) で述べる Information-Oriented Gantt Chart が有用である。(2) Tier 1 は3日分の製品在庫を保有する。この場合は 次節 (1.5) に述べる VMI につながるであろう。Information-Oriented Gantt Chart はここでも有用である。

1.5　VMI (Vendor Managed Inventory)

Tyndall[1998] も述べているように DELL Computer Corporation は顧客からの注文を internet で受けてから、その仕様にしたがって製品を組み立て、2日以内に注文主に納品する。そのために VMI を用いている。これに対して、日本立地の日本パソコンメーカ (NP1000) は VMI を用いて、N 週と N+1 週の生産のための生産計画を N-1 週に、仕様と量に関して、たてる。このノートパソコンメーカは N+1 週と N+2 週のための生産計画を N 週においてローリングする。この点は日本立地の日本自動車1位メーカと同じであるが、両者の間の違いは1ヵ月内示の精度が低いか高いかである。

図1-4 が示すように、1998年におけるアセンブリメーカによる生産に関して、過程は次のように述べられる。N 週第1日に PCB (Printed circuit board) 組立が終わる生産に関して、製造指示が N-2 週第5日（金曜日）に与えられる。工程負荷バランスが N-2 週第5日（金曜日）に確認される。着工指示が N-1 週月曜日に与えられ、N-1 週木曜日に着工され、N 週月曜日に PCB の組立が終わり生産が終わる。製造指示から生産の終わりまでに7日

1.5 VMI (Vendor Managed Inventory)

掛かったことになる。

しかしながら、2001年には、製造指示から製品完成までの日数が3日に短縮された。このように日数が短縮されると、VMI搬入が市場の変動をどの程度にか吸収すると著者は考える。短縮を可能にした要因として著者は次の二つを挙げることができる。一つは実生産に関してで、今一つは製造指示から着工までの製造前準備の日数が長かったことである、まず、実生産に関してであるが、1日3回の着工指示に2000年春から変えられたことである。このことは、製造サイクルが1日3回への細かい製造ロットに縮減されたことになる。PCB前行程着工から組立完成までの日数を3日からかなり短縮したであろう。今一つの製造前準備に要する日数であるが、製造指示から着工に要する日数が、自動車のAM1000の場合には製造指示と着工が同じ日であるのに対して、ノートパソコンのアセンブリメーカの場合には、1998年では、製造指示が出された日をn日（図1-4ではN-2週第5日）とすると、着工はn+4日（図1-4ではN-1週第4日）と長かったのである。これの短縮が実現したのではなかろうか？　なお、自動車のアセンブリメーカも、このノートパソコンメーカも1日2直の稼働である。

図 1-4　VMI、ノートパソコンメーカ、1998

	W N-3					W N-2					W N-1					W N				
	D1	D2	D3	D4	D5	D1	D2	D3	D4	D5	D1	D2	D3	D4	D5	D1	D2	D3	D4	D5
PCB 生産 指示															P	P	P	P	P	
			V						D	I		M	M	M	M					

[V]：VMI 週次情報　　[D]：VMI 搬入　　[I]：日次製造指示　　[M]：PCB 前工程

1.6　Information-Oriented Gantt Chart

　どのような産業であれ、アセンブリメーカが Tier 1 に与える情報は二つの理由から変わり得る。第 1 に、情報は企業が制御し得ない外部要因によって変わり得る。第 2 に、企業内の要因によって生産が変わり、その結果情報が変わり得る。

　たとえば、自動車メーカのような顧客は銑鋼一貫メーカにおける冷間圧延工程に対して仕様毎の量の変更を要望するし、それに応じるために冷間圧延工程は上流工程である熱間圧延工程に対して同様な変更を要望する。

　図 1-5 は銑鋼一貫メーカにおける製鋼工程から冷間圧延工程までを示す。Information-oriented Gantt chart (IOGC：あるいはガントチャート) は、瀬戸・本田 (1995) が述べるように、1994 年に日本立地の銑鋼一貫第 1 位メーカによって開発された。このメーカは 1994 年に冷間圧延工程を自動車メーカに同期化することに力を注ぎ、その一環としてこの IOGC が開発された。さらに、1996 年には熱間圧延工程にまで遡り、2001 年現在においても改善が続けられており、サプライチェーンマネジメントに包含されてその核としての役割を果たしている。

　冷間圧延工程に焦点を当てると、IOGC は次の三つの要素から成る：すなわち、ロットサイズ、仕掛在庫の増減そして供給線の三つから成る。図 1-5 が示すように、供給線は、製鋼工程から冷間圧延工程の終わりまでを指す。しかしながら、この供給線は逆に冷間圧延工程から製鋼工程に至る線にもなる。こうした供給線は顧客の生産工程における変動に依存する。一方において、訪問調査した自動車の 2 社以外のメーカの中には生産計画の変動が激しいところもある。さらに、訪問調査した 2 社を含めて自動車メーカの要求する仕様数は 1994 年まで増え続けた。発注を受けて銑鋼一貫メーカが生産しなければならない仕様数は 4,000 から 5,000 に上った。めっき工程と精整工程を経て、冷間圧延鋼板が自動車用表面処理鋼板になるまでには、冷間圧延

1.6 Information-Oriented Gantt Chart

工程から生産の終わりまでに 7 から 10 工程を鋼板は通る。しかも、7 から 10 の工程の組み合わせは 50 から 70 に達する。製鋼工程から表面処理鋼板としての完成までの時間の縮減が重要なことはいうまでもないが、この時間の縮減には製造コストの縮減が伴わなければならない。著者がこう呼ぶ Information-oriented Gantt chart は、Tier 1 が顧客であるアセンブリメーカを助けるのに有用である。しかしながら、Seto and Andoh (1991) が示すように、銑鋼一貫メーカを含む銑鋼産業は 1985 年以来顧客に自らの生産工程を同期化することに力を注いだ 3 大産業の一つである。なお、他の 2 大産業は自動車と家電・情報家電である。

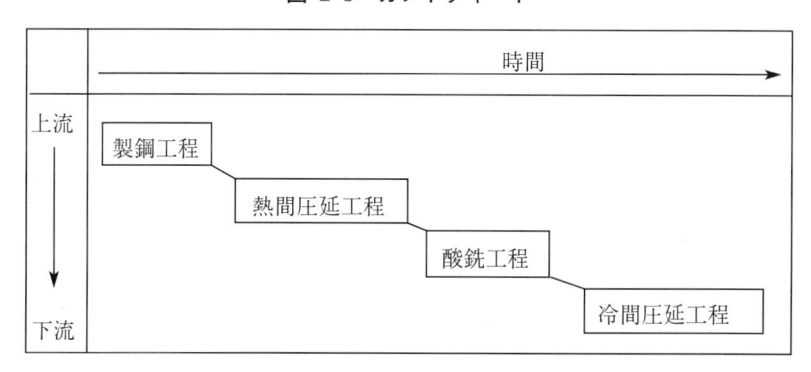

図 1-5 ガントチャート

ガントチャートは Tier 1 が自らの生産を 1 ヵ月内示の精度の高い上位自動車メーカと共同作業をするのを助ける。このガントチャートを利用することによってアセンブリメーカは、発注から受納に至るより精度の高い情報を得ることが出来る。このことは、アセンブリメーカと Tier 1 の間により強くて安定的な関係を作り出すであろう。

1.7 結論

　Tier 1 サプライアは、日本立地の日本自動車1位メーカのような得意先がN週（旬）に必要とする部品や材料をN-2週（旬）に受注する。そして納入指示板にしたがって在庫補充生産をすることによって顧客の生産に同期化することが出来る。あるいは日本立地の日本自動車2位メーカのような得意先から「中5稼働日をおいての1日分」を受注する。Tier 1 がこのようなことができるのは、1ヵ月（4週間）内示の精度が高いことに基づいているのである。

　しかしながら、ノートパソコンや同じ自動車メーカでも上位2社以外のメーカは Tier 1 とある契約を結ぶ。すなわち、Tier 1 は、本章1.4節で述べたように、同期を取っていると認められる、あるいは逆に、同期を取らなければならない日数を契約する。IOGC は Tier 1 が得意先との生産の同期化を、時間と在庫を最少に抑えながら、進めることを助ける。このことはまた得意先にとっての製造原価を、得意先が受ける需要が変動しても、縮減することに通じる。それ故、Tier 1 は得意先と戦略的な関係を構築することが出来るであろう。

　IOGC は銑鋼一貫メーカが開発したものであるが、他の生産工程に用いられても極めて有用であると著者は考えている。たとえば、自動車の下位メーカは高い精度の1ヵ月内示を Tier 1 サプライアに提示することは出来ない。しかしながら、上述の IOGC と同じシステムを採用できたならば、かれらは Tier 1 サプライアにより精確な情報を与えることが出来るであろう。このことはアセンブリメーカとその Tier 1 サプライアの間の関係を強化するであろう。

　IOGC のような技術的発展は、売り手と買い手の間の長期的関係を構築するにあたって、極めて有用であるというのが著者の結論である。

参考文献

1. Bhaskaran, S. (1998) *Simulation analysis of a manufacturing supply chain*, Decision Science, v29 n3
2. Honda, M. and Seto, H. (1996) *Information-based production and distribution system in consumer electronics and related industries in relation to value of information*, Annals of Faculty of Economics, Kagawa University, v35 p109–169 (in Japanese)
3. Seto, H. and Honda, M. (1995) *Information-based production and distribution system in the automotive industry and the iron and steel industry in relation to value of information*, Annals of Faculty of Economics, Kagawa University, v34 p37–73 (in Japanese)
4. Seto, H. (1999) *Japanese manufacturers' sales subsidiary system influencing on upstream manufacture*, Proceedings of IMP 15th Conference edited by Damien McLoughlin and Conor Horan (CD-ROM)
5. Seto, H. and Ando, H. (1991) *Business Statiscics and Buisnes Information System*, Kagawa University Economic Review, vol 64, p115–136.

第2章

アセンブリメーカにおける調達のリードタイム

　著者は2000年9月に北米立地のある日本自動車製造統轄会社(AMUS01)とその統轄下にある二つの製造会社－Sports utility vehiclesの組立製造会社とEnginesの組立製造会社－を訪問した。以下の　2.1 北米市場　はその時の研究成果である。日本に関する研究は1997年から2000年の4年間の研究成果である。

2.1　北米市場

2.1.1　北米立地の日本自動車製造会社とTier 1

　Tier1における生産期間は平均3日なので、彼等としては発注をN-2週後半にアセンブリメーカから受けてから作り始めてもN週の納入には間に合う。しかし、北米立地の日本自動車製造統轄会社の統轄している複数の製造会社のうちSports Utility Vehiclesを組立製造している会社へ納入しているTier 1については、実際には次のように(A)と(B)がある。
(A) 日系メーカはN-2週の確定発注を受けてから作り始めるところが多い
　　(図2-1)。
(B) 純アメリカ合衆国系Tier 1では必ずしも確定発注と連動せずに大きな

ロットサイズで作っているメーカが多い。

(B) の方法をとっている理由（著者の推測）：これらの純米系 Tier 1 の多くは、GM や Ford へ製品を供給している。GM への供給製品を 1 ロット作り終わってから、Ford への供給製品を作り、その次に北米立地の日本メーカへの供給製品を 1 ロット作るという Scheduling を採っている。ただし、大ロットで生産しているとはいっても、北米立地の日本メーカに部品を供給している純米系 Tier1 では週 2 回生産である。

図 2-1 日系メーカの確定発注・生産

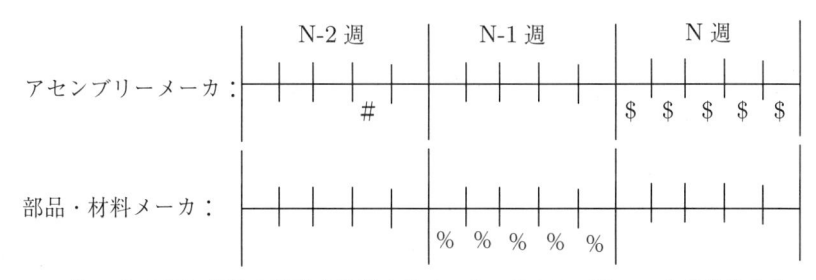

\#： この日に部品や材料を生産するメーカへアセンブリメーカが発注する。
％： 注文を受けた部品や材料を生産するメーカが N 週に納入するために生産する。
\$： アセンブリメーカが生産する週

○ 週 2 回生産について： 同じ Tier 1 が GM, Ford 等への納入品もつくっている。北米立地の日本自動車製造会社向けは週 2 回生産である。しかしながら、引き取りは週 10 回である[*1]週 2 回生産して引き取りは週 10 回であるから、1 生産ロットは 5 回に分けて引き取られることになる。

[*1] 日本国内では、部品メーカがアセンブリメーカに納入するのであるが、北米では得意先であるアセンブリメーカが自らの責任で（運賃を負担して）引き取るのである。

2.1.2　北米市場における週次生産について

　著者の訪問した北米立地の日本自動車製造統轄会社の1ヵ月内示 (4-week forecast) の精度は極めて高い。北米各地に立地している製造会社は、基幹部品を日本立地の会社から輸入している。米国西海岸までは船便である。日本から米国西海岸まで2週間かかる。
　さらに、西海岸から或る中継基地（中継基地は北米内に数カ所ある。）まで1週間の鉄道輸送である。ここからトラックで、例えば、エンジン製造会社に運ばれる。このように、日本からの調達部品は輸送の上記3週間強に加えて、日本国内で製造する場合のリードタイムが必要である。1ヵ月内示で生産に取りかからなければならないので、1ヵ月内示の精度が高いことが要請されるわけである。なお、この会社への上記日本からの調達部品は日に3〜4便の入荷である。
　ところで、北米立地の材料・部品メーカからの引き取りは専門のロジスティックス会社かcarrierが担当する。ここでロジスティックス会社とはロジスティックスとcarrierの両方を兼ねている会社のことである。米国では、少なくともコンテナやトレーラに関する限り、GMやFordの工場へ運ばれる部品や材料も、北米立地の日本自動車製造会社に運ばれる部品や材料もAmerican Industrial Automotive Groupの使う同じ立方フィートの容器で運ばれる。著者の訪問したロジスティックス会社の例で見ると、ある部材の場合であるが、幅2.3m、長さ16フィート、奥行き1.1〜1.2mの箱に30個詰める。その箱は貨車の中に2段に詰める。工場に着いたら、この工場は1週間強のバッファを持っているので、それをバッファとして、順番にコンテナを空ける。ここで順番とは、工場で使われる順番のことである。なお、このロジスティックス会社は純米国系ロジスティックス会社と日本の有力な総合商社 (WS2000) の合弁会社である。
　日本立地の日本自動車会社（北米立地の日本自動車製造統轄会社の親会社）が担当するものとして 'Order finalization' (N-2月の真ん中：15日前後に

N、N+1、N+2 の 3 ヵ月の rolling) がある。ただし、この「15 日」は丸めの数値である。以下でも、企業秘密を守るために必要に応じて丸めの数値を用いる。

　そして北米立地の日本自動車製造統轄会社がこれを受けて scheduling を 3 ヵ月について行う。例えば 9 月に 10 月については日毎の車両生産計画を、そして 11 月と 12 月についても車両生産台数をたてる。なお、北米立地の日本自動車製造統轄会社の親メーカである日本立地の日本自動車会社が Order finalization を行うのは、distributor からの 'Order creation' に基づいてである。N-2 月の月央に N, N+1 そして N+2 月の三つの月について日本立地の日本自動車会社によってなされる Order finalization（これは 3 ヵ月内示のローリングである。）に基づいて、distributor は dealers に対して dealer allocation を行う。これに基づいて、dealers は 'Order change study' を行って、デイリーで仕様変更を distributor を経由して北米立地の北米総販売会社に対して掛ける。北米総販売会社はこれに基づいて N-1 月の第 4 週に北米立地の複数の製造子会社に対して N 月第 2 週の生産のための 'Final requirement schedule' をたてる。そしてこれを北米立地の日本自動車製造統轄会社に提示する。これは週次確定オーダである。北米立地の日本自動車製造統轄会社では毎週、週次確定オーダを日別計画に落とし込む scheduling を行う。そして N-1 月第 4 週前半に N 月の第 2 週の生産のための発注を北米（カナダを含む。）立地の複数の製造子会社に対して行う。次いで、その生産のために、これらの複数の製造子会社は、例えば、エンジンの発注を北米立地のエンジン製造子会社に対して第 4 週の後半に行う。なお、ここでいう Order change study は仕様の変更である。Dealers における Order change study は月 2 回の 'Dealer Allocation' の後、毎日行われる。このデイリーの仕様変更を受ける度に北米総販売会社は 4 度の Final requirement schedule に直すわけである。

　N-2 週後半に、N 週 1 週間の曜日毎の生産についての確定発注を Tier 1 に掛ける（'Weekly order release'）。ただし、この 'Weekly order release' には 'Daily supplemental order' が追加されて毎日の生産が動いている。こ

の 'Daily supplemental order' は後に日本国内市場に関する叙述のうちの「2.2.2 確定発注から生産まで」の「その一」で取り上げる自動車のアセンブリメーカにおける生産の微調整に照応しているように著者は考えるが、Daily supplemental order の内容が分かっていないことを告白しなければならない。

Order finalization に関連して： 2000 年の少し前にスタートしたある米国仕様車の pilot project では、営業サイドが基づく販売データを N-4 月から N-2 月へと 2 ヵ月だけ短縮した。このことを生かすために Order finalizing を日本立地の日本自動車会社（N-2 月）から北米立地の日本自動車製造統轄会社に移した（N-1 月）。このことによって、北米総販売会社の月度オーダから生産までのリードタイムが 3 ヵ月から 1 ヵ月へと 2 ヵ月の短縮となった。このことによって、地域間の完成車在庫の偏在が減少したことが報告されている。

週次生産は 13 週（確定週次オーダ＋12 週間の内示）のローリングに支えられている。これは北米立地の日本自動車製造統轄会社のみならず、GM についても同じである。13 週を、生産週を N 週として、N-1 週、N-2 週、…N-12 週と数えることにしよう。上の日本自動車製造統轄会社では、一方において GM と同じように週でローリングするのであるが、他方において、3 ヵ月内示のローリングとして扱う。1 ヵ月内示の精度が高いので、Tier1 はこの 1 ヵ月内示に基づいて生産計画をたてて、みずからのサプライアへ早期に発注を掛けることができる。1 ヵ月内示については、本章「2.2.3 確定発注を支える内示」に述べられている。

13 週のローリングの実例： この実例は、北米立地の日本自動車製造統轄会社の統轄している複数の製造会社のうちエンジンを製造してカナダ立地の自動車組立製造会社、米国西海岸に立地している GM と上の日本自動車製造統轄会社の親メーカとの合弁会社、中西部に立地している乗用車製造会社へ供給している会社に関するものである。N 月 17 日から N+3 月 10 日までのエンジン組み付け台数の四つの品番の合計は、表 2-1 のように示される。

表 2-1 では、最初からの 10 週目までは有効数字が入っているのに、残り

表 2-1 13週のローリングの実例

月	N月		N+1月				
週開始日	17日	24日	1日	8日	15日	22日	29日
台数	4000	4000	4000	4000	4000	4000弱	4000弱

月	N+2月				N+3月	
週開始日	5日	12日	19日	26日	3日	10日
台数	4000弱	4000弱	4000弱	0	0	0

○ 4000、4000弱 は丸めた値である。

の第11週目からの三つの週には有効数字が入っておらず、このことは、計画が未だないことを示している。このエンジン製造会社からの供給は、カナダ立地の自動車組立製造会社へは、2000年現在において、トラックで1.5～2日であり、米国西海岸に立地しているGMと上の日本自動車製造統轄会社の親メーカとの合弁会社へはトラックと鉄道を通じて1週間弱であった。

2.2 日本市場におけるアセンブリメーカの調達リードタイム

2.2.1 確定発注

2000年現在において、乗用車、家電（具体的には、家庭用電気洗濯機）そして情報家電（具体的には、ノートパソコン）産業におけるアセンブリメーカは、N-2週またはN-2旬においてN週またはN旬のための生産計画をたてる。さらに、Tier 1（厳密に言えば、Tier 1にはメーカだけではなく、商社も含まれる。）へ部品・材料の発注を行う。この発注は確定発注である。したがって、この確定発注を受けたTier 1は部品・材料をN週またはN旬に発注元であるアセンブリメーカに納入する。Tier 1はN-2週またはN-2旬に確定発注を受けるに当たって、N週またはN旬に納入する部品・材料の仕

様と数量は、月曜日はどれとどれの仕様をいくらいくらで、火曜日はどれとどれの仕様をいくらいくらというように指示される。この「1週または1旬を置いての納入」は、しかしながら、1ヵ月内示の精度が高いことが前提となる。ただし、この場合の受注量に対する精度は、第1章でと同様に、次のように定義する。

$$\{1 - |\text{実現した月次生産量} - \text{月次受注量}|/\text{月次受注量}\} \times 100$$

なお、月次受注量と実現した月次生産量の差を考えるに当たっては、仕様の変更はサプライアにとっては重大なことではない。[*2]

 注意：上で、生産計画とTier 1への確定発注を週単位ではなく旬単位で行うアセンブリメーカの存在することを述べた。単位として「旬」を用いているアセンブリメーカは著者の知る限り、乗用車を含む自動車産業においてである。1999年現在で2社存在した。しかしながら、この2社の内の1社AM1000の旬は10日とは限らず、このメーカに特有のもので、第1章1.1で詳しく述べた。

◇**アセンブリメーカにおける生産計画、Tier 1への確定発注、流通からアセンブリメーカへの確定発注**

 アセンブリメーカにおける生産計画、Tier 1への確定発注、そして流通からのアセンブリメーカへの確定発注は、「流通からのアセンブリメーカへの確定発注 → アセンブリメーカにおける生産計画 → Tier 1への確定発注」の順に流れていくのではあるが、次のようになかなか単純ではない。先ず流通からのアセンブリメーカへの確定発注であるが、同じメーカでも、AM1000の例でも、次のように変化に富んでいる。

[*2] 後に見るように、仕様の変更がTier 1のみならず、Tier 2, Tier 3と全てのサプライアにとって重大なことではなくなるようにサプライアはその生産技術を常に改善している。このように、製造技術ではなくて生産技術というところまでは行ったのであるが、本書では、論理的につきつめて研究するまでには、至っていない。

1. 大都市所在の大規模地区販売会社からの最終受注は月2回
    a. 大都市の量販車種：月次で大まかにオーダして、月に2回の確定オーダ（昔から）。
        - 1回目：月はじめの日曜日が終わった月曜日（土、日の売れを見て発注）。(2回目はその2週間後)
        - 在庫を見ながら発注。
    b. 大都市でも 特殊なものは受注したものを発注。
    c. 大都市でのRV車：見込みと受注半々（オプションが多いから）
2. 販売会社の規模の大小を問わず、その販売会社における最量販車種でも、見込みで発注していても客がつけば、AM1000における車両完成（ラインオフ）日をn日として、n-3日午前10時30分までであれば、仕様を変更する。所用日数は4日である。この短い所要日数を得るための工夫が在庫を補充する生産である。n日とn-3日の間は生産期間（プレス後からボディ塗装を経て組立終了まで）に値する。なお、地方の販売会社は、規模の小さいところが多く、この仕様変更可能は、非常に有効に利用されている。

このように、流通（地区販売会社）からAM1000への確定発注は一定していない。しかしながら、AM1000における生産計画は旬単位でたてられる。そして、地区販売会社は親メーカから旬生産計画の始まる日までに旬発注をするように、「何月の何旬にラインオフして貴社への配車を希望するものについては何月何日までに発注するように」といわれる。さらに、「アセンブリメーカにおける生産計画 → Tier 1への確定発注」はアセンブリメーカにおける旬単位の生産計画を部品に展開したものである。

しかしながら、AM2000の場合は、「流通（地区販売会社）からのアセンブリメーカへの確定発注 → アセンブリメーカにおける生産計画 → Tier 1への確定発注」と流れているようである。ただし、著者の調査した流通はごく限られているので、正確なことはいえない。

洗濯機の場合、地区販売会社が小売店（系列店、専門量販店）へ売上げると、アセンブリメーカの地区販売会社への売上げが立つ。N-3週分の売上げ

をN週1週間の生産のための情報とする。これを毎週繰り返す。「アセンブリメーカにおける生産計画 → Tier 1への確定発注」は週単位の生産計画を部品展開したものである。

2.2.2　確定発注から生産まで

◇家庭用電気洗濯機

　家庭用電気洗濯機のアセンブリメーカはN-2週にN週1週間の1日1日に納入すべき仕様と量を確定発注する。著者が訪問したアセンブリメーカではその年（1998年）の5月からこのように元に復した。この仕方は1990年から続いていて、一旦1998年に、中5日置いての1日分を毎日発注するように変えたのである。一方において、3ヵ月内示のうちの最後の1ヵ月内示の精度が100±20%程度と、すぐ後でみる乗用車のメーカ1ヵ月内示の精度に比べて低かったことと、他方においてTier 1（第1次協力メーカ）の資本金規模が3億円以下と小さいことの二つの理由から、Tier 1に掛かる負担が — N-1週1週間の生産計画を固定することが出来るという意味で — 小さくなる仕方に同年中に復したのである。Tier 1は1週間分を一度に受注するのであるから、N週の指定された納入日に間に合うように（Tier 1に対して、大物については時間指定、中物については午前と午後そして小物については1回/日の納入とする。）自らの意志で生産計画を組むことが出来る。したがって、受注してから生産してもよいし、下の「乗用車、その一」で述べるような在庫補充生産をしてもよい。

◇乗用車

　乗用車については二つの仕方が代表的である。

　その一：アセンブリメーカは、N-2旬のある定まった日に、N旬の1日1日に納入すべき仕様と量をTier 1に確定発注する（第1章の図1-1）。ただし、納入時刻の指定はまだない。流通から（具体的には、地区販売会社から）すでに入れている発注台数に変更はないが、仕様に変更がある。工場と車種

によって完成（リリース）の3日前、4日前あるいは5日前と異なるが、地区販売会社からの仕様変更に応じて毎日の生産計画を日々微調整している[*3]。この微調整をした後に部品・材料の時刻を指定した納入指示を — 納入指示板（「かんばん」[*4]）で — 行う。これが同時にファイナルオーダになるわけである。この際情報を運ぶ手段になる「かんばん」はそこに書かれている内容がTier 1における生産を乱す性質のものであってはならない。ある仕様の部品が、或るときは「8時間後に1箱12個の2箱」の納入指示であったが、その次には6個になることは注文を受けるTier 1における生産を乱す一因であるので、避けなければならない。

　上流工程（一つにはAMの企業内における上流工程を意味し、二つにはTier 1を意味する。）においては下流工程に在庫が引き取られる。この引き取られた在庫を補充するために生産を行うので、この「かんばん」を情報ツールとして行われる生産を在庫補充生産と呼ぶ。しかしながら、下流工程によって上流工程が引っ張られて生産を行うだけでは在庫補充生産の意味を十分に表しているとは言いにくい。我が国においては、1950年代に乗用車産業と家庭用電気機械器具産業においては月の前半に部材を集めて後半にアセンブルしていた。この時Tier 1は前月引き取られた製品（=部材）に当たる仕様と量を再生産していたのである。1ヵ月バッチ（=ロット）で在庫補充生産をしていたのである。しかしながら、1973年秋に発生した第1次石油危機を契機として我が国において乗用車産業と家庭用電気機械器具産業をリーダとして、その後の10年間に亘って実践された小ロット同期化生産への志向は、生

[*3] 車の完成（=リリース）の3日前、4日前あるいは5日前にファイナルオーダを出してサプライアの生産計画を混乱させないのは、極めて高い精度が基礎にあるからである。この極めて高い精度はサプライアにおける製造コストの縮減に貢献する。サプライアにおける製造コストの縮減はモノとしての車の製造原価の縮減に結実することによって当該アセンブリメーカの競争力を高める。この視点は本田・瀬戸 [1996]、113ページ）で「支配・従属の関係を基礎とした古典的なチャネル概念とは別の観点から川上・川上・アセンブリメーカ・小売りの関係をとらえる必要性を認識している」として銑鋼一貫メーカとアセンブリメーカの取引を示した箇所で具体的に述べている。

[*4] 「かんばん」はあるメーカによる呼称であって、APM (Action Plate Method) や HIT (Hoshiitokini Itsudemo Toreru) と呼んでいるメーカもあることについては Seto[1992] が参照できる。

産期間(これは、機械製造においては、材料の投入から完成品としての産出までの、ロットを考慮に入れた、時間的長さと定義される。)の短縮と1985年のデータ通信における規制緩和によって支持されることとなった。市場における日々の微妙な変動を生産に取り入れることが可能になったのである。在庫補充生産は、一方においてこの市場における微妙な日々の変動を生産の中に取り入れることと、他方においてTier 1(そしてひいてはTier 2、そしてTier 3)における生産を平準化させる(平準化とは1稼働日のどこをとっても人と機械が受ける作業負荷が一定していることをいうと著者は解釈している。)ことを実現する生産方式として考案されたと著者は考えている。これに対して、すぐ下の「その二」で述べる生産方式は在庫補充ではなく、上流工程は下流工程からの発注があってはじめて生産に着手する方式である。

　その二：アセンブリメーカはN-2週末に、N週1週間分の仕様と量を確定発注する。そして、さらに納入日までの中5日置いての1日分を毎日発注する(第1章の図1-2)。ここで中5日とは稼働日で5日である。1週間は5稼働日からなる。したがって、中5日置いての1日分を毎日発注することは発注するときにはいつでも1週間を置いていることを意味する。サプライアの側から言えば、6日目に納入すべき複品番(複仕様)とそれぞれの品番(仕様)の量を5日間に生産することになる。また、Tier 2へその生産のための部材の納入を指示することになる。ただし、Tier 2への発注と納入指示の仕方については第1章の図1-3下段と本章2.2.3.2のAM2100をみよ。この方法を採用しているメーカであるAM2000は、前回1993年から1994年にかけて著者が訪問した時には家庭用電気洗濯機のアセンブリメーカのTier 1への発注の仕方と同じように、N-2週にN週1週間分をN週の1日1日への納入指示をも含めて、発注していた。それが、2000年現在では中5日置いての1日分を毎日発注するように変えたわけである。この変化をサプライアの側からいえば、N-1週1週間分の生産を固定して生産をすることが出来ることから毎日6日目の顧客への納入を意識して生産することに変更しなければならなくなったわけである。著者はこのように変えたアセンブリメーカの意図を「流通末端から生産の上流まで出来るだけ細かく速やかにモノが流れ

2.2 日本市場におけるアセンブリメーカの調達リードタイム

るようにしよう」とするところにあるように思える。流通における日々の変化をそのまま生産に反映することが出来れば、個人顧客と契約した（第3章 3.2.2.3 の AD2100 を見よ）乗用車を契約した時から出来るだけ短い時間で届けることが出来る訳である。地区販売会社に商品である車をメーカから自らの資本と責任で買い取って在庫として保有しながら、販売していくだけの資本力がないことがこのような地区販社が「個人顧客と契約 → アセンブリメーカに発注 → アセンブリメーカからサプライアに発注 → サプライアから1日分の部材納入を受ける → リリースして地区販売会社に引き渡す」までの時間を短縮することを目指しているように思える。現在はこのように市場から入ってきた情報に基づいて生産して市場に返すまでのリードタイムの短縮を主眼としているわけであるが、近い将来個人顧客からその顧客独自の仕様で注文を地区販売会社が取ったときに備えてこのような1日分ずつの発注を軌道に乗せようとしているようにも思える。近い将来個人顧客からその顧客独自の仕様で注文を地区販売会社が取ったときに備えてと上でいったが、これは精度が変わらないことを前提としている。しかしながら、毎日生産する全部が全部に顧客がついているわけではない。もし精度が落ちたことが「中5日置いての1日分を毎日発注するように変えた」理由であったとしたら、著者の推定は成り立たない。何故ならば、精度が落ちたことが変えた理由であれば、Tier 1 においては生産に安定を欠くことになって、仕掛在庫や製品在庫（Tier 1 にとっての製品はアセンブリメーカにとっては部品・材料である。）の回転期間が長くなって Tier 1 にとっての競争力が落ちるからである。

　その三：乗用車には「その三」がある。それは、N-2 週に N 週の生産のための確定発注を Tier 1 に対して掛けるわけであるが、そのときアセンブリメーカは同調日数（synchronisation であると許容される日数）を Tier 1 との間で契約するのである。例えば、同調日数3日といえば、Tier 1 は納入を「納入指定日±1日」で行えば、顧客であるアセンブリメーカの生産に同調していると認められるわけである。Tier 1 が小規模資本（具体的には、資本金規模が下請代金支払遅延等防止法の対象になる場合）の場合にはこの同調日数は Tier 1 にとって有り難いであろう。

しかしながら、Tier 1 が大規模資本である場合を考えてみよう。その時には、この同調日数はそのまま買い手であるアセンブリメーカが N-2 週に予め納入指定をしている日の 3 日前なら、仕様と量に関して変更をしても Tier 1 はアセンブリメーカの — 変更した — 生産に同調して納入をしなければならないのである。著者は乗用車産業のある Tier 1 (AM1100) から、主要顧客からは「かんばん」による発注（＝納入指示）をうけるが、別の三つのアセンブリメーカに対しては — これら三つのメーカからの希望で — 週次計画納入をしているとの回答を受けている。ここで週次計画納入とは、N 週 1 週間の 1 日 1 日についてその日その日に納入すべき複品番とそれぞれの量を N-2 週に指定されることをいう。しかしながら、このまま何の変更も受けないで納入しているとは考えにくいのである。著者は、例えば、同調日 3 日で週次計画納入していると考えるのである。

　実は家庭用電気洗濯機の場合でも、同調日が 3 日ある。資本金規模が下請代金支払遅延等防止法の対象になる場合を除いて、すぐ上のパラグラフで考察した「同調日数はそのまま買い手であるアセンブリメーカが N-2 週に予め納入指定をしている日の 3 日前なら、仕様と量に関して変更をしても Tier 1 はアセンブリメーカの — 変更した — 生産に同調して納入をしなければならない」が当てはまるのである。また、この同調はこれから述べるノートパソコンのアセンブリメーカと Tier 1 の間にもそのまま当てはまる。

◇ノートパソコン

　あるメーカ (NP1000) の場合であるが、ノートパソコン組立工程では 1997〜1998 年のある月までは — アセンブリメーカから見れば — リードタイムによる発注を方式としていた。このときのことであるが、半導体関連で約 1 ヵ月、その他の最終組立工程部品で 2 週間が同調日数であった（この同調日数 2 週間は、N-2 週に N 週 1 週間分の 1 日 1 日の納入指定に当たると著者は考える）。すなわち、1997 年のある月以前は乗用車や家庭用電気洗濯機と全く同じ発注方式であったと考えられる。ただし、N-2 週に N 週 1 週間分ではなく、N 週と N+1 週の 2 週間分の納入であった可能性もある。という

のは、ノートパソコンの重要な構成部品の一つであるICについてであるが、1994年にあるICメーカが顧客（だだし、この時の顧客の中の主要なメーカにパソコンメーカが入るのは確かであるが、そのパソコンメーカの主要製品がノートかデスクトップのどちらであったのかは定かでない。）であるパソコンメーカからの内示や発注は2週間分ずつであったからである。そして、1997年のある月以降も、今度はNP1300の場合であるが、やはり内示や発注は2週間ずつである。

月次需給体制から週次需給体制へ： （表2-2参照）
○ 月次需給体制
　・1回/月の発注
　・リードタイムによる発注
○ 週次需給体制
　・1回/月 あるいは1回/週の発注：月の発注回数を多様化した。
　・品目別にパターン化した。
　・週に1回生産計画を提示するように変更した。

　上のことは1997年のある月までのことである。Tier 1は受注時に指示されていた量に関してN-2週には変更指示を受けて変更して納入することが契約によって義務づけられていた。その代わり、モノにもよるが、LCD（NP1200）のようなアセンブリメーカ独自の仕様のものは、N月に納入するようにN-2月に発注をした量はアセンブリメーカによって必ず引き取られるのである（引取保証）。さらに、そのLCDを構成する部材 ─ これも独自の仕様であるので ─ については、N-3月にLCDメーカが発注しなければならないのであるが、同様にアセンブリメーカは引取保証をするのである。

　上のノートパソコンのメーカは1997年のある月からは、N-2週の例えば木曜日にTier1に情報を与えると、Tier1はN-1週末（木曜日と金曜日）にVMI納入を行う。しかしながら、N-2週にN-1週についてと同時にN週についても情報を与えているかもしれない。すなわち、一度に二つの週についての情報を与えているかもしれない。N-1週にはN週とN+1週についての

表 2-2 月次需給体制（1997 年のある月以前の 10 年間）から週次需給体制へ

- ▽はアセンブリメーカからの発注
- △はアセンブリメーカへの納入

(A) 月次需給体制（1997 年のある月以前の 10 年間）

部材の生産期間	N-3 月	N-2 月	N-1 月	N 月
長い	▽			△
中程度		▽		△
短い			▽	△

(B) 週次需給体制（1997 年のある月以降）：生産期間が長い部材（半導体機器など）

N-3 月	N-2 月	N-1 月	N 月
▽			△

- 半導体機器はモールド化している。
- 納入して貰いたいものを N-1 月に発注する。

(C) 週次需給体制（1997 年のある月以降）：生産期間が中程度の部材（基盤など）

N-3 月	N-2 月	N-1 月	N 月
― ― ― ―	― ― ― ―	― ― ― ―	― ― ― ―
		▽	△
			▽ △
			▽ △

- ― ― ― ― はそれぞれ第 1 週、第 2 週、第 3 週、第 4 週を示している。
- N 月第 2 週に納入して貰いたいものを N-1 月第 4 週に発注
- N 月第 3 週に納入して貰いたいものを N 月第 1 週に発注
- N 月第 4 週に納入して貰いたいものを N 月第 2 週に発注

(D) 週次需給体制（1997 年のある月以降）：生産期間が短い部材（基盤など）

N-3 月	N-2 月	N-1 月	N 月
― ― ― ―	― ― ― ―	― ― ― ―	― ― ― ―
		▽	△
			▽ △
			▽ △
			▽ △

- ― ― ― ― はそれぞれ第 1 週、第 2 週、第 3 週、第 4 週を示している。
- N 月第 1 週に納入して貰いたいものを N-1 月第 4 週末に発注
- N 月第 2 週に納入して貰いたいものを N 月第 1 週末発注
- N 月第 3 週に納入して貰いたいものを N 月第 2 週末発注
- N 月第 4 週に納入して貰いたいものを N 月第 3 週末発注

情報を与えることになる。すなわち 2 週間のローリングである。N+1 週の生産分については、いったん N-1 週に確定してはいても、N-1 週末までの流通からのオーダに基づいて N 週において変更して決める。

ここでも部材納入同調日数があるのである。2001 年現在で家庭用電気洗濯機の場合とほぼ同じ日数 3 日である。ただし、ノートパソコンのこの家庭用電気洗濯機と同じ日数の同調日数はアセンブリメーカ（＝ノートパソコンメーカ）によって仕様と量を何日前なら変更出来るか — Tier 1 がこれに応ずることが出来るか — を表しているように著者は考える。この同調日数は週ではなくて第 N-2 週に第 N-1 週末の VMI 納入を確定することを意味すると考えるのが合理的である。しかしながら、家庭用電気洗濯機もだんだんに装備が IC 化しつつあるとはいえ、ノートパソコンの装備における IC 化は、それを遙かに上回っていて、本質的といえるものである。そして IC 関連部材の生産期間には長いものが多い。長い生産期間の部材に関しても同調日数を家庭用電気洗濯機とほぼ同じにするのであるから、Buyer（アセンブリメーカ）- Seller (Tier 1) 間に緊密な協力関係が築かれていなければならない。なお、注文保証が半導体関連についても半分の長さに短縮されている。これに応じて、この半導体関連部材を構成する部材の注文保証も短縮されている。

半導体の生産期間は、第 6 章における NP1300 について、2001 年現在において、前工程 41 日と後工程 13 日の計 54 日である。Tier 1 としてはみずからの組立工程を始めるにあたって、例えば、後行程（組立工程）が 13 日かかるのであれば、13 日前に変更指示がほしいわけである。あるいは、製品在庫を 1 週間分保有するのであれば、1 週間前に変更指示がほしい。そして実際にこのように Buyer-Seller 関係は実践されているのである（第 6 章 6.2.1 参照）。

2.2.3 確定発注を支える内示

乗用車、家電（具体的には、家庭用電気洗濯機）それにノートパソコンのいずれもアセンブリメーカからは Tier 1 に 3 ヵ月内示あるいは 13 週内示が

与えられる。そして毎月ローリングされるか、毎週ローリングされる。

◇**毎月のローリング：**

　これについてはすぐ下の 2.2.3.1 および 2.2.3.2 で述べているが、読者は次の諸項をも参照出来る。乗用車については、第 4 章の AM1000、AM1100（乗用車アセンブリメーカ A1000 の Tier 1）とその上流に位置する Tier 2 である AM1110、AM1120 そして AM1130、さらに AM1120 の上流に位置する Tier 3 である 2 社 AM1111 と AM1112、また、AM1100 と同じように乗用車アセンブリメーカ A1000 の Tier 1 である AM1200 とその上流に位置する Tier 2 である AM1210 と AM1220 を参照されたい。また家電（家庭用電気洗濯機）については、第 5 章の DE1000、DE1100（家庭用電気洗濯機のアセンブリメーカ A1000 の Tier 1）と DE1200（同じく家庭用電気洗濯機のアセンブリメーカ A1000 の Tier 1 である。）、さらにノートパソコンについては、第 6 章のノートパソコンのアセンブリメーカである NP1000 と、その四つの Tier 1 である NP1100、NP1200、NP1300 そして NP1400 に具体的な記述がある。

2.2.3.1　乗用車（AM1000 とその Tier 1 の場合）

　まず、AM1000 の 3 ヵ月ローリングについて説明する。Tier 1 は N 月下旬のある定まった日に主要顧客である AM1000 から N+1 月、N+2 月、N+3 月の 3 ヵ月分の内示が与えられる。N+1 月については納入日を指定しての内示[*5]を（1 ヵ月内示の精度は $100 \pm \alpha$ ％ で、この α の値は極めて小さい。）、N+2 月と N+3 月については納入日を指定してではなく月の全体についての内示を貰う。ただし、すでに 2.2.3 で述べたように、N+1 月については、生産を行う旬の 2 旬前のある定まった日に、生産旬の日々の納入指示（確定発注）を貰う[*6]。これを次月、次々月と繰り返す。このように N+3 月の内示が

[*5] 企業では確定発注と呼んでいるが、「2.2.1 確定発注」で述べたように、生産に入る週である N 週の 1 週おいた前の週である N-2 週に貰う発注を著者は確定発注と呼んでいる。

[*6] これ以降の発注・納入については第 2 章 2.2.2 の「乗用車」の「その一」を参照

3回行われ、その都度変更が加えられる。これを3ヵ月ローリングと企業では呼んでいる。

　Tier 1 は、2日前後で生産計画をたてて部品展開して、今度は、仕入先である Tier 2 に内示を次のように与える。N+1 月については納入日を指定しての確定発注、N+2 月と N+3 月分については納入日を指定してではなく月の全体についての内示を渡す。Tier 1 は、一概にはいえないが、大規模メーカであって、東京証券取引所に上場している場合が多い。Tier 2 に上場企業は少ないが、資本金規模では1億円以上、10億円未満の中に入る企業が多い。Tier 2 は Tier 1 に納入指示板（「かんばん」）での納入を（ということは、1日に何回かの納入を行うことを、通常は、意味する。）Tier 3 は Tier 2 へは文字通り1日1回の計画納入を行う。ただし、このことは、著者の面接調査の範囲においてであることを断っておかなければならない。

　Tier 3 の資本金は小さい。Tier 2 は部品展開して Tier 3 に対して N+1 月1ヵ月の日々の納入を指定して、指定通りの納入を受ける。納入指示板納入ではない。N+2 月と N+3 月については納入日を指定してではなく月の全体についての内示を与える。

2.2.3.2　乗用車（AM2000 とその Tier 1 である AM2100 の場合）

　2.2.3.1 の AM1000 の場合の3ヵ月ローリングは N+1 月については日々の納入の指定であるのに対して、AM2000 の場合は、日に分けないで週での指定であることが異なる。詳しく説明すると次のようになる。

　Tier 1 (AM2100) は N 月中旬のある定まった日に N+1 月の4つの週について、日に分けないで、1週間単位の内示をアセンブリメーカである AM2000 から受ける（企業ではこれを確定と呼んでいるが、「2.2.1 確定発注」で述べたように、生産に入る週である N 週の1週おいた前の週である N-2 週に貰う発注を著者は確定発注と呼んでいる。なお、この1ヵ月内示の精度は $100 \pm \alpha$ % で、この α の値は小さい）。同時に、月の全体についての内示を N+2 と N+3 の各月について受ける。これを、次月、次々月と繰り返す。

　Tier1 は Tier 2 に対して、みずからが AM2000 から受けたように、3ヵ月

内示のローリングを行う。なお、AM2100 はシートメーカであるので、200から 300 社ある Tier 2 の中には表皮織メーカも含まれる。この表皮織メーカには、AM2000 から特別に与えられる 6 ヵ月（上期、下期）計画を展開して与えるのである。著者がこのように断る理由であるが、それは 3 ヵ月内示ですべての上流メーカが生産に入るわけではないが、3 ヵ月内示で部材の手配をしなければ顧客（Tier 3 にとっては Tier 2 が顧客であり、Tier 2 にとっては Tier1 が顧客である。）の行う生産に間に合わないメーカ、2 ヵ月内示で部材の手配をしなければ顧客の行う生産の間に合わないメーカ、1 ヵ月内示で部材の手配をしなければ顧客の行う生産に間に合わないメーカが存在することが、3 ヵ月内示が行われる趣旨であることを読者に知って貰いたいからである。

2.2.3.3 家庭用電気洗濯機

本節冒頭で、「乗用車、家電（具体的には、家庭用電気洗濯機）それにノートパソコンのいずれにおいてもアセンブリメーカからは Tier 1 に 3 ヵ月内示あるいは 13 週内示が与えられる。そして毎月ローリングされるか、毎週ローリングされる」と述べた。

具体的にある家庭用電気洗濯機メーカは、銑鋼一貫メーカに対しては、間に総合商社がはいるので、その総合商社に対する発注であるが、N 月に納入して貰いたい冷間圧延鋼板（これは洗濯機の側板になる。）を 3 ヵ月前の第 N-3 月に内示、第 N-2 月と第 N-1 月に確定発注とする。そして、3 ヵ月ローリングをする。実は、第 N-4 月には情報（内示とはいっていない）を出しているので、厳密には 4 ヵ月のローリングとも見なせるが、内示を起点とすることにし、3 ヵ月のローリングとする。また、半導体についても、冷間圧延鋼板の場合と同じように、第 N-4 月に情報を、第 N-3 月内示を、第 N-2 月と第 N-1 月に確定発注となる。そして、4 ヵ月ローリングとなる。ただし、半導体の場合には、同じ社内の半導体事業部の製品を使う場合には商社は経由しない。なお、第 N-2 月と第 N-1 月に出すものは確定発注といいながら、改訂するわけであるから内示ではある。しかしながら、内示と確定発注の違

2.2 日本市場におけるアセンブリメーカの調達リードタイム　　　　　　　　35

いは引取保証があるかないかであるように著者は受け取っている。N-2月確定発注とN-1月確定発注には引取保証が付いている。

2.2.3.4　ノートパソコン

　組立工程における製造指示からノートパソコンの完成までに要する日数は、1997年で約8日（稼働日）であったのが、2001年3月には約3日に短縮されていた。約3日は乗用車のアセンブリメーカAM1000が地区販売会社から発注変更を受けて板金工程を始めてから完成車をリリースするまでの日数である。（厳密には、すでに述べたように、同じ企業でも工場によって、3日、4日あるいは5日と異なる。乗用車組立工程は1日2直の計16時間作業であるのと同じように、ノートパソコン組立工程は1日2直の計16時間である。）そして、ノートパソコン組立工程は部材の同調3日である。このノートパソコンのアセンブリメーカNP1000は1997年央までは計画調達方式を採っていたことについてはすでに「2.2.2確定発注から生産まで」のノートパソコンに関する記述において'Tier 1は受注時に指示されていた量をN-2週にはその変更指示を受けて変更してN週に納入する'と述べた。それが1997年央からは同調日3日（同調日とは納入指示が変更されてもTier 1は納入しなければならない日数であることはすでに述べた。）の第1章の図1-4方式及び同じく同調日3日のJIT (Just in Time … 「かんばん」方式) 納入に変わった。第1章の図1-4方式はVMIの変形である。また、計画JITは下請代金支払遅延等防止法が適用される資本金3億円以下のTier 1企業に適用される（以前は1億円以下であった）。したがって、VMIがノートパソコン組立工程の製造指示から完成までの日数が約3日にまで短縮されたことによって生きると著者は考える。また、この第1章の図1-4方式は12週間のローリングを基礎としていることについては次のパラグラフで述べる。

　上のパラグラフの続きであるが、第1章の図1-4方式は12週間のローリングであるというとき、月初めと月の中頃の2回PSI (Production, Sales and Inventory) 会議があって、月の前半と後半に第i四半期の生産・販売・在庫計画がたてられる（ローリングされる）。PSI会議は月2回の開催である

が、Tier 1 に対して毎週 1 回在庫指示を行う。毎週 1 回行うということは 1 週間分の在庫に関する指示 — 仕様と量 — を毎週行うことを意味する。1 週間分の在庫指示を行うということは次のことを意味する。アセンブリメーカが N-2 週に N 週 1 週間分の確定発注を行い、発注を受けた Tier 1 は N-1 週に生産をして N 週の納入を準備する。ところが、納入日指定を Day 3 とすると、2 日前の Day 1 に納入指示を受けるのである（この Day 1, Day 2 そして Day 3 の 3 日間が同調日数である。）これを毎日繰り返す。因みに、組み付けに用いられるのは Day 4 である。

下の図 2-2 は NP1000 における 13 週の生産計画のローリングである。

図 2-2　ノートパソコンのアセンブリメーカにおける生産計画のローリング

N-12w	N-11w	N-10w	N-9w	N-8w	⋯	N-1w	Nw			
	N-11w	N-10w	N-9w	N-8w	⋯	N-1w	Nw			
		N-10w	N-9w	N-8w	⋯	N-1w	Nw			
			N-9w	N-8w	⋯	N-1w	Nw			
				N-12w	N-11w	N-10w	N-9w	N-8w	⋯	Nw
					N-11w	N-10w	N-9w	N-8w	⋯	Nw
						N-10w	N-9w	N-8w	⋯	Nw
							N-9w	N-8w	⋯	Nw

以下繰り返し

- w は週を意味する。
- N-12W は N 週から数えて 13 週目

2.3　確定発注に代わる Vendor Managed Inventory

Dell Computer Corporation は顧客からの注文を internet で受けてから、その仕様にしたがって製品を組み立て、2 日以内に注文主に納品する。この時に VMI 納入を受けている部品を使用する。これに対して、日本のメーカの場合には、NP1000 の例が示すように、専門量販店から注文を受けてから生

産する。生産の仕方に二つある。その一は、業務用顧客（例えば、電力会社）からある台数以上の注文を受けてある月数の猶予を貰って製造に入る。今一つは専門量販店からの注文で、これは小口である。今日受注して明日出荷しなければならない。このようなときには、出来るだけ製造工程（組立工程）のうちの上流に仕掛かりを持っておいて、顧客の注文した仕様にしたがって以降の生産に入るのである。上流工程に予め仕掛かりを持っておくために行う生産が在庫補充生産（＝仕掛在庫補充生産）となるかどうかを著者は調べていない。しかしながら、上流で仕掛在庫を持つための生産は受注に基づく生産ではなく、厳密には見込み生産であろう。乗用車の場合と違って、ノートパソコンの場合には、モデルチェンジのサイクルが短いので、在庫補充生産をして安心しているわけにはいかない。N-2 週末の在庫をみて N-1 週に N 週、N+1 週の生産を決める。N+1 週の生産分については、いったん N-1 週に確定してはいても、N-1 週末までの流通からのオーダに基づいて N 週において変更して決める。

2.4　第2章補論　加工食品の生産・流通における総合食品卸商の役割

2.4.1　1999年訪問　総合食品卸商 FW1000

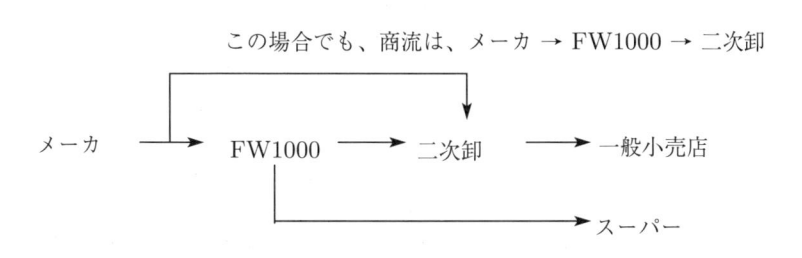

図 2-3　製品の流れ

この場合でも、商流は、メーカ → FW1000 → 二次卸

メーカ → FW1000 → 二次卸 → 一般小売店

FW1000 → スーパー

◇ **FW1000 からメーカへの発注**
- 定番商品について在庫補充発注：毎日発注（大部分）翌日納品を受ける。
- 特売商品について受注後発注：N-1 月に N 月 1 ヵ月分についてメーカと商談（品番と量について）。得意先への納品に間に合うように仕入れる。
- 見込み発注：品薄商品や特売商品の 1 ヵ月特売の品番や量が確定していない場合。

特売商品の商談は 1 ヵ月後納品分についておこなう。すなわち N-1 月の初めに N 月納入の商品の商談を行い、仕入れ計画をつくって、サプライア（食品メーカ）に内示を行う。

店長おすすめ品（月間特売）については、N-2 週に、N 週に納入する品番と数量の確定を得意先から貰う。しかし、N 週 1 週間分を貰うことはできないのが現実で、中 5 日置いての 1 日分の確定を貰うことになる。これは AM2000 の場合と同じである。

メーカへもこれを基にして中 5 日置いての 1 日分の納入指示を行う（第 1 章の図 1-2 を見よ）。中 5 日置いての 1 日分を時間と場所の指定通りに納入する。

ただし、1 ヵ月前に出してくれる 1 ヵ月内示の精度と N-2 週に出してくれる N 週 1 週間の確定発注が重要となる（この点については、第 1 章の図 1-1 と本章「2.2.3 確定発注を支える内示」を見よ）。「週間確定発注」といって量と仕様（= 品番）に関して 1 週間全体で確定される。日々ではないと著者は見ている。

参考文献

本田道夫、瀬戸廣明 [1996]「Consumer Electronics 関連産業における情報化の進展 — 情報の価値と情報システムの評価、生産・流通システムとの関連において—」、『香川大学経済学部研究年報』第 35 号、109–169 ページ。

瀬戸廣明 [1981]「生産期間と生産管理」『企業管理論の基本問題　藻利重隆先生古希記念論文集』千倉書房、323–341 頁。

Seto, H.[1992] *Japanese Production and Distribution in Synchronisation: A Statistical Investigation*, Shinzansha Publishing Company, Tokyo.

Tyndal, Gene, Christopher Gopal, Wolfgang Partsch, and John Kamauff

[1998] *Supercharging Supply Chains: New Ways to Increase value Through Global Operational Excellence*, John Wiley & Sons, Inc.

第3章
流　　通

3.1　家電・情報家電

3.1.1　1990年代前半

　著者は1993〜1994年に亘って文部省から科学研究費補助金の交付を受けて行った研究において家電と情報家電を扱う専門量販店のうちNS1000、NS2000、そしてNS3000の3社を訪問した。3社とも2002年3月決算において、売上高上位15社、経常利益額上位15社に入っている。3社から得たもののうち2002年以降の研究との比較に必要な項目について、述べる。
　いわゆる家電関係について：発注はオリジナル品とナショナルブランドに分かれる。

- ○ オリジナル品：NS1000とNS2000が置いている。特定の専門量販店にだけ置くモノで、各メーカのナショナルブランドでの特別型式（機種）のことである。半年サイクルで計画する。
- ○ ナショナルブランド品：過去のトレンドから決定できるものは、全商品の80％に達する（NS1000）。パソコンも、取り扱い量の80％程度は、家電の場合と同じく、過去のトレンドから予測できる。
    - ・ メーカからの商品の提供枠について：
        NS1000：NS1000勘定在庫（上で述べたオリジナル品はこれに当

たる。）の商品も当用仕入れの商品も年間契約である。これらについては予測して契約し、メーカへ在庫要請を行い、供給はメーカが保証する。個々の型式レベルの商品について、計画して契約することはあまり多くない。

NS2000： メーカはいくら提供するかの枠を専門量販店に提示する。

NS3000： 通年商品については、自社のたてた販売計画にしたがって年初にメーカ枠を取る。

・ メーカとの情報のやりとりについて：

NS1000： 回答なし。

NS2000： メーカへ事後情報を提供。

店舗毎のPOSデータを情報会社（アドバンシス、社会情報調査研究所）へ手数料程度の料金で供給する。情報会社は、それを加工し、付加価値を付けてメーカへ提供する。これが、メーカの主要な情報源である（量販店側の理解）。しかしながら、この専門量販店からメーカへ月1回事後情報を提供してもいる。

NS3000： 品番情報までのPOS情報の月次データをペーパでメーカに提供する。NS2000と同じである。

3.1.2 2002年

この節は著者が2002年9月に訪問したNS2000からの回答に基づいている。メーカから与えられる枠が、「メーカは売れただけ作る」（メーカは予測して必要最小限しか作らない。）ために、専門量販店としては、今日売れた分だけ発注して明日納入するように発注するのでは、メーカが生産計画をたてた週と専門量販店がすぐに欲しい週の間にずれができるので、発注しても欠品が出る恐れがあるし、納入指示をしても納期が確定しない不安がある。これを解消するために、余裕をもって発注したのでは、買い取り返品なしなので、商品在庫回転率が悪化する。NS2000における商品在庫回転率は1994

年に年8回転（すなわち、45日で1回転）であったのが、2001年現在で10回転（すなわち、35日で1回転）へと向上している。このNS2000の総資本経常利益率 (Return on investment) は2001年3月決算で極めて高い。この率が高くなったことに商品在庫回転率の向上が貢献していることは疑いない。さらにNS2000は14回転（すなわち、25日で1回転）を目指している。これを実現するためには商品在庫を縮減しなければならないのであるが、店頭在庫縮減は顧客と接する営業力を弱めるので、バックヤード在庫を縮減しなければならない。バックヤード在庫縮減を実現する手段としてNS2000は物流センターを2000年に作り、ここから各店舗へ物流を行う。これでバックヤード在庫を1/3（回転日数にすると、7日以内）に縮減することを目指している。さらに、NS2000は、自らの物流センターとメーカ販売会社の（支店）との間で在庫情報を交換する。具体的には、店舗毎・単品毎の在庫情報、また在庫と売上げの割合の専門量販店からの情報が、またメーカからはメーカ販売会社の在庫情報が、1994年とは異なり、互いに on line real time で与えられる。売上高構成で75〜85％（品番で35％）について在庫回転率の向上を目指している。なお品番という場合、例えば、同じノートパソコンメーカからでている相異なる品番は別物として数えられる。

　専門量販店NS2000が目指すものは、メーカに無駄なものを製造させない、物流の改善、それに事務処理の効率化である。物流の改善と事務処理の効率化はNS2000内における情報システムに負うところが大きいであろう。これに対して、「メーカに無駄なものを製造させない」ためには、精度の高い販売予測を必要とする。この高い精度を必要とする販売予測を得るために、メーカとどのようにコラボレイトして行くかは訪問時の最優先課題であった。コラボレイトの仕方について征矢野 [2002] が示唆するように、いくつかの可能性がある。しかしながら、これらいくつかの可能性の全てにではないが、殆どの可能性に共通するのは、出来るだけ専門量販店からの発注をメーカの確定生産計画まで遅らせるのではなく、第1章で述べた3ヵ月内示のローリング、N-2週における確定発注、そして実際の納入指示という3段階を含んでいることである。当該専門量販店が必要とするときに納入を受けるための前

3.1 家電・情報家電

準備の必要なことを征矢野 [2002] の調査研究は示唆している。

家電（具体的には、家庭用電気洗濯機）・情報家電（具体的は、ノートパソコン）のアセンブリメーカは、1991 年より、販売子会社の系列小売店や専門量販店への売上げを以て販売会社への売上げをたてる。そして、この売上げが N-2 週の売上げである。あとは、第 1 章の図 1-1「アセンブリメーカの基本調達リードタイム」が当てはまる（家電の場合）が、資本金 3 億円を超えるサプライアに対しては N-2 週に VMI 搬入を要請するわけである。ところが、2002 年には、専門量販店からの N-2 週における確定発注と実際の納入指示に基づいて家電・情報家電のアセンブリメーカからの専門量販店への納入が欠品なくまた納期遵守で行われるためには、1 ヵ月内示の精度（3 ヵ月内示のローリングによる同じ月の 3 度目の内示）が出来るだけ高くなることが要請される。これは第 1 章と第 2 章で述べたとおりである。この 1 ヵ月内示の精度を高める道として NS2000 は量販店本部ではマーチャンダイザの、店舗では商品担当の営業力を強化することと、情報インフラの改良整備を挙げている。

店舗	α		本部定番表	
1	F	1	F	
2	F	2	F	
3	F	3	F	
4	E	4	E	
5	E	5	E	70 %
6	D	6	D	
7	D	7	D	
8	B	8	C	
9	A	9	C	
10	G	10	B	
		11	A	
		12	G	

上の表は店舗 α がある月に、商品をとり混ぜて 10 台を仕入れるとして、その 70 ％に当たる 7 台は本部定番表のなかの上から 70 ％から仕入れなければならないことを示している。ただし、この 70 ％は 1 ヵ月単位で変わる。残りの 30 ％は競合店の存在、地域性、規模そして店舗の特徴を生かすことを考慮に入れて店舗の商品担当が、本部マーチャンダイザとの電話会議、e メー

ルそしてイントラ社内ポータルを用いて選定する。また、上の表の読み方であるが、A、B、…、F は商品を表し、F が 1、2、3 と三つあるのは、同じメーカ製でも相異なる品番を各 1 台仕入れることを意味する。

3.2 乗用車

3.2.1 1990 年代前半

著者は 1993〜1994 年の 2 年に亘って文部省から科学研究費補助金の交付を受けて行った研究において本田・瀬戸 [1996] に記述しているように、乗用車の地区販売会社にも面接調査を実施した。しかしながら、今次の科学研究費補助金による面接調査の結果からみて、その記述の信憑性を疑っている。著者の面接調査における受け取り方に問題があったように思われる。

3.2.2 1999 〜 2000 年

北米ではディーラは在庫車販売をする。すなわち、一旦在庫するためにメーカへ発注する。北米に立地する AM1000 の場合には、製造が完了したら、工場の横に AM1000 の北米立地の総販売会社の完成車車庫 (Marshalling yard) に入れる。これで AM1000 にとっては売りがたつ。完成車車庫から dealers への輸送中の完成車は dealers の勘定となる。Dealers にわたる前に PPO (Post Production Option)（販売するときのアクセサリ部品）をつける[*1]。

著者は 1999 年 12 月から 2000 年 1 月にかけて、国内の 4 つのアセンブリメーカの系列地区販売会社 5 社に面接調査を実施した。訪問した 5 つの地区販売会社を系列別にみると、AM1000 系列が 2 社、AM2000 系列が 1 社、そ

[*1] 北米における自動車流通に関する著者の知識は極めて限られているのに対して、下川・岩澤 [2000] における下川と藤本の各担当章は詳しい。

の他のアセンブリメーカ2社の系列が1社ずつである。

3.2.2.1　AD1100（AM1000系列の地区販売会社）

　この販売会社は、AM1000系列の地区販売会社であり、日本有数の売り上げ規模を誇る。

　アセンブリメーカへの発注の仕方は、量販車種である中級車（エンジン排気量1,500cc～2,600cc）については月2回（月の前半と後半）であり、1回に2週分の発注である。以下で具体的に述べる。

(1) 主要取扱品目名：新車
(2) 3ヵ月販売計画と1ヵ月販売計画
　・3ヵ月販売計画
　　・仕入先企業（AM1000）からの情報の利用：用いる（量の提示、在庫情報、市場）
　　・販売計画作成に要する時間：1週間
　　・販売計画の精度：80%
　　・策定後の仕入先企業への情報：出す（内示、発注）
　・1ヵ月販売計画
　　・仕入先企業からの情報の利用：用いる（量の提示、在庫情報、市場）
　　・販売計画作成に要する時間：1週間
　　・販売計画の精度：85%
　　・策定後の仕入先企業への情報：出す（内示、発注）
(3) 3ヵ月、1ヵ月販売計画以降の仕入先との量変動等の情報のやりとり：有り

【★用紙記入★】（面接調査に際して事前依頼の質問用紙に対する回答記入：以降も同じ）
A. 商品類：乗用車
B. 1998年度売上額：120,000～130,000百万円
C. 発注形式とその割合：（無記入）

D. 顧客との決済の形態と割合：
　a. レンタル・リース： 10％未満
　b. 割賦販売： 15〜25％
　c. 現金： 70〜80％

E. 在庫
　・1995 年度： 在庫：(無記入)、計算法：b：在庫数量/1 日の出荷数量
　・1998 年度： 在庫：(無記入)、計算法：b：在庫数量/1 日の出荷数量

　取扱品番数
　・1995 年度： （無記入）
　・1998 年度： 約 25-35 万品番

F. 顧客への納期回答所要日数
　・1995 年度： （無記入）
　・1998 年度： 平均 15〜25 日

G. 販売計画とメーカへの連絡

1995 年度	6ヵ月計画	3ヵ月計画	月次計画	旬次計画	週次計画	最初の納入日
計画立案日	×	×	×	×	×	×
立案所要時間	×	×	×	×	×	×
メーカ連絡日時	×	×	×	×	×	×
引取責任の有無	×	×	有り	有り	×	×
計画精度	×	×	×	×	×	×

1998 年度	6ヵ月計画	3ヵ月計画	月次計画	旬次計画	週次計画	最初の納入日
計画立案日	×	×	×	×	×	×
立案所要時間	3 日	3 日	1 週間	×	×	×
メーカ連絡日時	×	×	×	×	×	×
引取責任の有無	×	×	有り	有り	×	×
計画精度	×	80％	85％	×	×	×

・「×」は、調査票で無記入であったことを示す（以下でも同様）。

3.2 乗用車

H. 在庫情報のメーカへの連絡
 ・1995 年度： 週1回
 ・1998 年度： 毎日（機械化）
I. メーカからの納入
 ・1995 年度： 毎日
 ・1998 年度： 毎日

【★ノート★】（面接調査でお聞きした内容：以降も同じ）
○ 発注についての2分類：在庫補充発注（これは見込み発注を意味する）、受注後発注
○ 販売計画と実際のオーダは異なる
○ 販売計画
 ◇ 年間（メーカと年間の契約）
  ・ 昔はメーカの生産計画が主、今は生産側の対応ができるので努力目標である。セレモニー的でリジッドな縛りにはならない。
  ・ 今年(1月から12月)については、車種毎ではなく台数でいくら（販社の販売計画では、車種別に考えるが、契約は全体の台数である。）
 ◇ 6ヵ月
  ・ 収益状況の報告（AM1000へ）：見込みと実績がメイン（4～9月、10～3月）。
  ・ 台数も含まれるが収益状況がメイン。
 ◇ 3ヵ月
  ・ 台数：車種単位
  ・ オーダは伴わない。（メーカの生産調整の資料にする。）
 ◇ 1ヵ月
  ・ 前月末に大枠のオーダをだす：拘束力はない（実際の拘束力はあまりないが、メーカの生産計画の基礎となる）。12月仕入れの

車は 11 月末にメーカへ。65〜75％が見込み発注（＝在庫補充発注）で、25〜35％が受注のついた発注。売れる見込みのつく車種については見込み発注。同じ乗用車でも車種によっては受注のついた発注。
- 月に 2 回オーダ（昔から）：月次で大まかにオーダを入れた後、
  * 1 回目：月はじめの日曜日が終わった月曜日（土、日の売れを見て発注）。
  * 2 回目：その 2 週間後 … この項が本小節冒頭の叙述である「アセンブリメーカへの発注の仕方：量販車種（中級車: エンジン排気量 1,500cc〜2,600cc）については月 2 回（月の前半と後半）、1 回に 2 週分の発注となる」に当たる。
- 在庫を見ながら発注。特殊なものは受注したものを発注。
- 店頭での販売が、訪問販売に比べて比率は増えてきている。

○ 在庫を持って販売
- ◇ 65〜75％が見込み発注、25〜35％が受注のついた車。
- ◇ 在庫は 1 ヵ月の販売台数の 6〜7 割（車種×グレード×色）で、これについては在庫補充発注となる。
- ◇ 売れ筋車は在庫として持っている（他の販売会社で規模が小さい場合には、受注することによって対応。在庫は少量：メーカでも車種を以下のようにA、B、C、他で分類）。高級車、トラックは在庫は持たない。「B、C、他」は客も多少は待つ。
  - ・A： 量販車：見込み
  - ・B： RV 車：見込みと受注半々（オプションが多い）
  - ・C： トラック：受注
  - ・他： 高級車：販売台数が小

○ 地区販売会社の 1 ヵ月の販売計画は月の 1 日から始まる。
○ 在庫の考え方
- ◇ 経営的には棚卸しの回転は 20〜25 日が望ましい。

- ◇ 日々の管理：
  - ・ 平均の長さは管理対象にしていない。
  - ・ 速いものはすぐ出る。
  - ・ 長いものは、6ヵ月― 売りさばくためにインセンティブを付けて推奨車種として販売。
○ 売掛債権 0.5～0.7 ヵ月（暦日）と回転が速い。
○ メーカ・販売会社：毎日在庫状況を双方でみることが出来る（オプション別）。
○ オプションはほとんどはメーカオプション（8～9割）、販売店オプションは 1～2 割。（構造部分はメーカオプション）
○ 発注について
  - ◇ 1月、2月は経験的に発注。
  - ◇ 3月は、1、2月の 2ヵ月分程度売れる。1、2月の売れ筋を見て、1、2月から、3月の在庫をしていく。
  - ◇ 6、7月は、3月と同じ
○ 精度
  - ◇ 計画とオーダは別として考えている。
  - ◇ 計画：経営的に（期待を込めて）考える。市場の動向。
  - ◇ オーダ：実際のモノの動きと在庫状況を見て
○ 生産 3 日前までのオプション変更は、それほど多くはない。変更を毎日かけてはいない。（月 2 回のオーダのみ）。受注して発注する車種についてのみ 3 日前の変更をかける（最量産車種については、在庫補充発注なので、3 日前の仕様変更はしないのが全国的であると考えているとの回答であった）。アセンブリメーカとしては、部品を共通化することによって対応をとりやすくしている。

3.2.2.2　AD1200（AM1000 系列の地区販売会社）

この会社は東北のある県に立地している。

【★用紙記入★】
A. 商品類 乗用車
B. 1998年度売上額：(無記入)
C. 発注形式とその割合：客がついたものの発注(35〜45%) 見込み発注(55〜65%)：月次見込発注は100%であるが、旬間発注時には、うち35〜45%が客がついた後の発注となっているの意である。また、旬といっても、10日を意味するわけではない。そもそもは10日を意味したであろうが、だんだんに旬の含む稼働日数は少なくなり、今では月に4旬あると考えて良い。月によって第i旬が月の何日から何日までかは動く。
D. 顧客との決済の形態と割合
    a. レンタル・リース：ゼロに近い
    b. 割賦販売：15〜20%
    c. 現金：$100 - (a+b)$%：銀行のローンかもしれないが、地区販売会社には現金。
E. 在庫 (回転日数)
    ・1995年度： 在庫：2週間弱から4週間弱、計算法：b:在庫数量/1日の出荷数量
    ・1998年度： 在庫：10日強から3週間弱、計算法：b:在庫数量/1日の出荷数量
   取扱品番数(セダン型乗用車という数え方で)
    ・1995年度： 90〜110品番
    ・1998年度： 150〜170品番
F. 顧客への納期回答所要日数
    ・1995年度： 2週間から8週間
    ・1998年度： 40%は即納(よく売れる車は、即日が70%、2〜3日あれば100%)。60%は1週間(5〜7日、RV系、教習車が多い)。
G. 販売計画とメーカへの連絡

1995 年度	6ヵ月計画	3ヵ月計画	月次計画	旬次計画	週次計画	最初の納入日
計画立案日	×	N-3/2	N-1/2:見込	N-1~N/15~10	×	N/1
立案所要時間	×	×	×	×	×	×
メーカ連絡日時	×	N-3/6	N-1/6	N-1~N/15~10	×	×
引取責任の有無	×	×	×	×	×	×
計画精度	×	×	×	×	×	×

1998 年度	6ヵ月計画	3ヵ月計画	月次計画	旬次計画	週次計画	最初の納入日
計画立案日	×	N-3/2	N-1/2:見込	N-1~N/15~10	×	N/1
立案所要時間	×	3~4時間	同左	×	×	×
メーカ連絡日時	×	N-3/6	N-1/6	N-1~N/15~10	×	×
引取責任の有無	×	×	×	×	×	×
計画精度	×	88.6%	92.7%	×	×	×

・説明例：N-3/2 は N-3 月の第 2 日を意味する。

H. 在庫情報のメーカへの連絡
　・1995 年度： 30 日毎に紙で
　・1998 年度： 毎日オンライン

I. メーカからの納入
　・1995 年度： 毎日
　　・現在： 毎日

【★ノート★】

○ オーダ
　◇ 月次
　　・車種別
　　・ほぼ100%引き取るが、確定発注とは言っていない。
　　・注文してもこないこともある。注文しても減らされることもある。
　◇ 旬間オーダは、車種別、カラー別、仕様別。AM1000 から、何月については月の何日、何日、何日、何日にオーダを入れるようにと指示してくる。

◇ 見込みで発注したものの仕様変更は、完成する 5～7 日前まで。このシステムをフルに使っている。見込み発注の 90% は仕様変更。（客のついていない分については、仕様の変更は出来ない。）
　　　◇ 仕様変更は、オンラインで問い合わせて、可能かどうかすぐ分かる。
○ 決済
　　◇ ユーザからディーラへ
　　　・ 現金よりも割賦の方が利益がある（60 回が多い）。（割賦販売率は、北海道が高い）。
　　◇ 地区販売会社から AM1000 への支払い
　　　・ 「納入」から○日後（ディーラへの配車に要する日数により異なる）。
　　　・ 月 2 回というようなことではない。
　　　・ 締めではない。毎日支払いが生じる。
○ 車の保有年数： 9.6 年（1998～1999 年）
○ 最近は、気に入った車であれば、客は 2 ヵ月くらいは待つ。
○ 納入：工場を出たときに地区販売会社への「納入」となる。
○ ディーラから製品についての意見を聞いてアセンブリメーカの生産に反映する。よく反映されている。AM1000 は生産システムの改善に気を付けている。（ディーラ向け）試乗会は、ディーラからの意見会。

3.2.2.3　AD2100（AM2000 系列の地区販売会社）

　この会社 AD2100 は、第 1 章図 1-3 の下側の図に対応するアセンブリメーカ AM2000 系列のある地区販売会社であり、東北のある県に立地している。
　アセンブリメーカへの発注の仕方：通常は客からの受注に基づいて発注する。ここで通常といったのは、季節によるからである。販売のピークが雪解け後の 3 月にくるので、このときは事前発注をかける。
　通常でも、仕様数の少ない車は受注に基づかなくても、問題はない。
(1) 主要取扱品目名：自動車
(2) 3 ヵ月販売計画と 1 ヵ月販売計画

- 3ヵ月販売計画
  - 仕入先企業（AM2000）からの情報の利用：用いる（1ヵ月毎に希望販売計画の提示を受ける）
  - 販売計画作成に要する時間：2時間
  - 販売計画の精度：90%
  - 策定後の仕入先企業への情報：出さない
- 1ヵ月販売計画
  - 仕入先企業からの情報の利用：用いない
  - 販売計画作成に要する時間：（無記入）
  - 販売計画の精度：（無記入）
  - 策定後の仕入先企業への情報：（無記入）

(3) 3ヵ月、1ヵ月販売計画以降の仕入先との量変動等の情報のやりとり：有り

【★ノート★】
○ 発注
- メーカAM2000は受注生産（30年前からすでに）
- N-2週で確定、N-1週は置いて、N週に生産。
- 2週間前までにタイプ、カラーまでの確定。
- 車種毎の販売予測は立てにくい：特に新車の場合はアンマッチがある。
- 通常は客がついたものをオーダする：3月を除いては在庫を持たない。
- AM2000から地区販社までの車の輸送は3〜5日かかる。
- 車庫証明は1週間程度。
- メーカ在庫をオンラインで見ながら販売する。
- 在庫が無くても、1ヵ月から2週間の生産予定も見て、オーダを入れれば、大体はとれる。とれないときは待ちとなる。各販売店（ディーラ）毎の在庫はオンラインで見ることができる。ディーラ間の車の融通もある。
- 7拠点の店頭展示車は、仕入をかけている。（著者はこれを、この地

区販社の資産になっているという意味にとっている。)
- 3月に大きな季節変動：過去の実績で前もって発注。(雪が融けた直後の3月に販売のピークが来る。)
- メーカとしては売れるもの(車種)は、0.5ヵ月程度の在庫で持っている。
- 3月と9月に、以下の点を入れて、車種別の6ヵ月の販売計画を出す。(それ以降のやりとりはない。)。販売計画の基礎はa.収益確保の損益分岐台数、b.市場率(この地区販社の立地する県のマーケットシェア)、c.営業マン・拠点別の営業計画(個人別、営業所別の販売計画台数：2回目の車検時の買い換えが多い)等である。
- オンライン (8:00～21:00) 注文、部品なども (1985年から)。
- 新型車発売時には、販売枠のある車種もある。

○ 新車、モデルチェンジ
- 新車については、モデルチェンジの研究段階では、ディーラの意見を聞くことがある。
- モデルチェンジは2ヵ月前に分かる。

○ 在庫
- この地区販売会社は在庫を持っていないので問題はない。

○ 決済
- メーカから仕入れてこれを現金で決済するまでの時間的長さは短い。今月末締め、翌月にアセンブリメーカへ現金支払い
- 客とこの地区販社の間も、車を引き渡した日に現金(クレジット、割賦販売も含む。ただし、本当の現金の比率も90%前後と高い)。リースでも3、4日で現金化。県下でも、この地区販社は顧客から現金で支払いを受ける比率は高い。

3.2.2.4　AD4100 (アセンブリメーカ AM4000系列の地区販売会社)

(1) 主要取扱品目名：乗用車
(2) 6ヵ月販売計画と1ヵ月販売計画

3.2 乗用車

- 6ヵ月販売計画
  - 仕入先企業からの情報の利用：用いる（量の提示）
  - 販売計画作成に要する時間：Gを参照
  - 販売計画の精度：Gを参照
  - 策定後の仕入先企業への情報：出す（内示、発注）
- 1ヵ月販売計画
  - 仕入先企業からの情報の利用：用いる（在庫情報）
  - 販売計画作成に要する時間：Gを参照
  - 販売計画の精度：Gを参照
  - 策定後の仕入先企業への情報：出す（発注）

(3) 6ヵ月、1ヵ月販売計画以降の仕入先との量変動等の情報のやりとり：有り

【★用紙記入★】

A. 商品類：乗用車（含む 軽自動車）

C. 発注形式とその割合
  - 客がついたものの発注：40～50%
  - 見込み発注：50～60%

D. 顧客との決済の形態と割合
  a. レンタル・リース：極めて少ない 2%
  b. 割賦販売：20～30%（クレジット含む:10%前後）
  c. 現金：70～75%

E. 在庫
  - 1995年度： 在庫：3ヵ月～1ヵ月、計算法：a:在庫額/1日の出荷額
  - 1998年度： 在庫：3ヵ月～1ヵ月、計算法：a:在庫額/1日の出荷額

  取扱品番数
  - 1995年度： 1,800～2,000 品番
  - 1998年度： 1,600～1,800 品番

F. 顧客への納期回答所要日数

- 1995 年度： 15～20 日
- 1998 年度： 5～15 日

G. 販売計画とメーカ（AM4000）への連絡

1995 年度	6ヵ月計画	3ヵ月計画	月次計画	旬次計画	週次計画	最初の納入日
計画立案日	3/15	×	×	×	×	×
立案所要時間	18 時間	×	×	×	×	×
メーカ連絡日時	×	×	×	×	×	×
引取責任の有無	×	×	×	×	×	×
計画精度	99.5%	×	×	×	×	×

2000 年度	6ヵ月計画	3ヵ月計画	月次計画	旬次計画	週次計画	最初の納入日
計画立案日	3/15	×	×	×	×	×
立案所要時間	18 時間	×	×	×	×	×
メーカ連絡日時	×	×	×	×	×	×
引取責任の有無	×	×	×	×	×	×
計画精度	88.2%	×	×	×	×	×

- 説明：3/15 は 3 月 15 日と読む。この会社を訪問したのは 1 月であった。

H. 在庫情報のメーカ（AM4000）への連絡
- 1995 年度： DO (Daily Order) 注文は 毎日、MO (Monthly Order) 注文は 100 日
- 現在： 毎日

I. メーカ（AM4000）からの納入
- 1995 年度： DO 注文は 毎日、MO 注文は 100 日
- 現在： 毎日

【★ノート★】

○ 販売計画

(1) 売り上げなければならない数：

- 目標
- マーケットシェア
- 新車の販売：顧客とのつながり（固定客）、メンテナンス売上（買い換え期間が長く（6年）なってきているので）。

(2) 売れる可能性の数：
- 営業部員の数と熟練度
- 車の市場での受け入れ度
- 営業拠点の展開

(3) アセンブリメーカからの台数：
- アセンブリメーカは装置産業的であるので、メーカとしての設備（利益）稼働率と、この販社の立地する県での当該アセンブリメーカ社製の割合を基にして提示される

◇ 計画段階では (1) > (2) となる。しかし計画は (1) で立てる。

◇ (2) を (1) に近づけるために、
- 即効的に引き上げる方法
- ユーザに買い得感を出させる：ディーラオプションをつける。
- 割引を上げる。（値引きを額を従来の額より引き上げる。）
- 広告・宣伝。
- 営業マンに、金銭的インセンティブを出す。
- 精神的頑張り（意識！）（使命感を持たせる）

◇ (1) に達しない場合：
- メーカが減産すれば、在庫過多は解消するが、上流 (Tiers) から調達しているので実際には難しい。（国境を越えて世界的な調達をしているので、ブレーキをすぐにはかけにくい。）
- ブレーキをかけてから、生産へ反映するには3ヵ月かかる（この地区販社から見て。メーカから見ると1ヵ月）。
- 売れて増やす場合も生産へ反映するには3ヵ月かかる（急に増やすと、コスト増となる）。

○ 個別の仕様

- ◇ 昔は、ディーラの責任で3ヵ月前に予約
- ◇ 1994年からは、ディーラの責任で1ヵ月前に予約
  - ・メーカから「毎月何日に何月の分を（例：N月の下旬の何日までにN+2月生産分を予約）」と問われる。
  - ・予約は売上の半分：全体として半分：車種毎ではない。
  - ・残り半分は客がついた後にメーカへ発注。
  - ・品番の多くないものは予約を入れていても問題はない。全部予約でもよい。
  - ・色や細かいメーカオプションは10日（稼働日で1週間）前でよい。
  - ・N月1日〜N月10日に言えば、N月20日からの生産に反映できる（N月1日の人は20日以上待つことになる）
- ○ メーカとの販売会議
  - ◇ 半期（9月はじめに10月から3月）分を、車種毎に、○月に○台のように、販売覚え書きを交わす。→ メーカは経験から誤差を織り込んで先行手配する。
- ○ 決済
  - ◇ 月末締めの次月払い：N月1ヵ月に仕入れたものについては、N+1月末（45日）に現金で。（このときは金利は付かない。販社によってはN+2月末に現金で。このときは1ヵ月分の金利が付く。）
  - ◇ 運転資金は、在庫負担もあるので、2ヵ月分必要。
  - ◇ 仕掛水準を新車月販売台数の0.6にしたい：0.5で2回転となるので、1.7回転程度。
    - ・新車は0.5ヵ月、中古車（下取りした車）は1ヵ月。

3.2.2.5 AD5100（アセンブリメーカ AM5000系列の地区販売会社）

この地区販売会社は東北のある県に立地している。過去3ヵ月の販売データに基づいて、定期のオーダをメーカに入れる（これは、3ヵ月のローリングを指しているものと思われる）。30日前に色やグレードをも考慮に入れて、1ヵ月分を確定発注する。このときにはほとんど客はついていない。予測で

発注する。

図 3-1　週変更とデイリー変更について

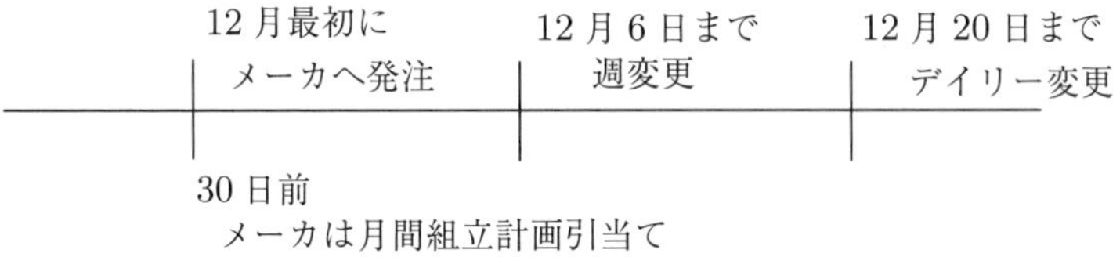

```
        12月最初に      12月6日まで      12月20日まで
        メーカへ発注       週変更          デイリー変更
    ────┼──────────────┼──────────────┼────
        │
      30日前
      メーカは月間組立計画引当て
```

- 12月について、月次発注から週次変更（3週間前のものについて総枠のうちで何台かは、部品メーカが対応できる範囲で変更がきく。）、さらには、デイリー変更（リリースの8日または7日前）までの流れを示す。なお、3週間前の週次変更とは、例えば12月6日に12月20日からの1週間（5稼働日）についてディーラから変更を申し出ることを意味する。

○ 在庫・販売

- 在庫は、150台/月。半分は展示車、半分は売るもの。
- 販売は350台/月。
- 在庫、販売とも、最低でも月に1回転するようにしている。

参考文献

下川浩一、岩澤孝男　編著 [2000]「情報革命と自動車流通イノベーション」文眞堂。

征矢野毅彦 [2002]「流通革新を加速する家電業界のSCM」『家電ビジネス』2002年1月号、リック

第4章

自動車産業におけるサプライア

　第2章でわれわれは自動車に関して、北米市場と日本市場のアセンブリメーカにおける調達のリードタイムを次のように叙述した。すなわち、N週に生産に用いる部品と材料をN-2週にTier 1に発注する。その際、第2章の「2.2.1 確定発注」の中で、週ではなく旬で生産計画をたてるアセンブリーメーカが、著者の知る限り、1999年現在で2社存在すると述べた。この2社の内の1社 (AM1000) のTiersすなわちサプライアが本章の4.2.1から4.2.2.2までの企業である。これらのTiersのアセンブリメーカ (AM1000) には第1章における図1-1があてはまり、Tiersには同じく第1章における図1-3の上段があてはまる。

　これに対して、N週に生産に用いる部品と材料をN-2週にTier 1に発注して、Tier 1からN週に部品や材料の引き渡しを受けるというリードタイムが基本リードタイムとしてあてはまることには変わりがないが、実際に生産に入るためには同じく第1章における図1-2に示すように、アセンブリメーカ (AM2000) は中5稼働日おいての1日分をTier 1に発注する。Tiersには同じく第1章における図1-3の下段があてはまる。本章の「4.2.3 Tier 1 AM2100」がこの1例である。

　第2章の「2.2.2 確定発注から生産まで」で"乗用車には「その三」がある。……アセンブリメーカがN-2週に予め納入している日の3日前なら、仕様と量に関して変更をしてもTier 1はアセンブリメーカの ─ 変更した ─

生産に同調して納入をしなければならない"と述べた。この「その三」はアセンブリメーカにおける精度が低いことから採られていることについてもすでに述べた。しかしながら、この「その三」についてはアセンブリメーカとそのTiersを一貫した研究ができていない。これが、本章でこの「その三」が叙述されていない理由である。

　本章で用いている生産計画の精度[*1]は3ヵ月内示のローリングの最後の1ヵ月である。例えば8月に9月、10月、11月の月間生産計画を得意先から貰う（最初の月である9月の月間生産計画を「1ヵ月生産計画」という）。9月に10月、11月、12月の月間生産計画を得意先から貰う。この時、10月と11月について変更が加えられている。10月に11月、12月、1月の月間生産計画を得意先から貰う。この時、11月と12月について変更が加えられている。11月の生産計画は8月に与えられて、それが9月と10月に変更される。10月に変更された11月生産計画の精度が本書 ── したがて、本章 ── で述べられている精度である。とくに断りのないかぎり、精度は本書全体を通じて、1ヵ月生産計画の精度であり、1ヵ月生産計画の精度はローリングされた1ヵ月生産計画の精度である。なお、「8月に9月、10月、11月の月間生産計画を得意先から貰う」というとき、アセンブリメーカによって、Tier 1が貰うのが月の中旬になるか、それとも月に下旬になるか異なる。AM1000からは月の下旬のある定まった日に貰う。しかしながら、AM2000からは月の中旬のある定まった日に貰う。

4.1　1990年代前半

4.1.1　Tier 1 AM1300（AM1100に代えて）

　後節「4.2 1997年〜2001年」においてTiers研究の出発点をなしている

[*1] 第1章「1.1」に定義されている。

Tiers 1 の一つが AM1100 であるが、AM1100 には 1990 年に面接調査のために訪問して以来 1997 年以来に訪問するまで時間が開きすぎた。こうした理由から、以下本小節で述べるのは、AM1100 についてのものではなく、車体生産を主とする Tier 1 である AM1300 についてのものである。このメーカの場合、顧客（需用家）数は訪問した 1994 年現在において 300 から 500 の間であり、生産品種数は 30 前後であった。生産品種数のうちこのメーカの主要顧客（AM1000）向けが 50 ％弱を占める。また、月平均受注規格（仕様）数は 700 から 1,000 の間であり、うち主要顧客向けは 60%前後であった。

この AM1300 における納入指示板（「かんばん」）の導入は 1967 年よりは後であった。この当時、パレットの入用数の計算が次のようにコンピュータプログラミングされていた：1 の日に 100 個、3 の日に 150 個という風に。「かんばん」の導入前は 納入指示が AM1000 よりあった。このときはロットも大きかった。しかしながら、内示が 3 ヵ月であった点は変わらない。前の 2 ヵ月は内示で、当月は確定であった。この当月の「確定」は本書の第 1 章、さらには第 2 章では内示と述べている。そして、前の 2 ヵ月の内示で量の引当て計算をする。生産変動と型式の複雑化の度合いが増すにつれてこの引当て計算は複雑になる。この引当て計算に基づいて、この AM1300 は Tiers（Tiers はアセンブリメーカである AM1000 からみれば Tier 2 である。）に対してやはり前の 2 ヵ月は内示で当月は確定（AM1300 での言葉。本書ではこれも内示としている）を出した。なお今でもこの AM1300 は Tiers からはシート、ドアトリムや天井は、大きくて「かんばん」納入ではラインサイドをしめてしまうので 順序納入（Just on Time、筆者らの英訳）で入れさせている。

このメーカ AM1300 からは、AM1000 からの内示情報を利用することが効くのは、Tiers（AM1000 から見れば Tier 2）から納入される部品の在庫量と在庫スペースの削減に対してであると回答されている。主要顧客である AM1000 からの内示情報は社内「かんばん」枚数を月度で設定する時点で利用される。1989 年前後にこの第 1 次協力メーカ AM1300 のある工場の工務

課長（このポストは工場ごとにある。）は仕掛計画を内示情報（精度 90 %、これが 70 %に下がれば以下のことは出来なかったであろうとこの工務課長は述懐している。）にしたがってたてていた。社内仕掛計画は月間の社内「かんばん」枚数を予測させる。内示情報がなければ、Tiers（AM1000 からみれば Tier 2 である。）は在庫して応えるほかないであろう。以上を要するに、1967 年以前はアセンブリメーカからは「かんばん」による納入指示ではなく、大ロットでの一括指示であった。この Tier 1 (AM1300) は計画的に納入をすることになる。歯車が狂った時は、Tier 1 (AM1300) かアセンブリメーカに在庫の山ができる。

　1994 年 10 月現在でも向こう 3 ヵ月の内示がローリングされたアセンブリメーカより毎月提示される点に変わりはない。生産に入る月を N とする。N-3、N-2 そして N-1 と N に近づくにつれて精度が高くなる。AM1300 ではこの向こう 3 ヵ月の内示月度生産計画に基づいて月間の所要部品量を計算する。それを内示情報として Tiers に渡す（この内示情報は Tiers において仕掛計画として利用される。）。それと同時に、計画台数に必要な月度の「かんばん」枚数を計算する。

　プレス後にアセンブリメーカから日次の確定生産計画台数を受け取り、日次の部品所要量を計算する。この所要量に基づいて月間で設定した「かんばん」運営枚数を再検討し、振り出す「かんばん」の枚数を増減する。「かんばん」には工場内で使われるものと Tiers との間で使われるものの二つがある。このうち Tiers との間で使われる「かんばん」は以下のように使われる。

　　(1) 工程に運ばれた部品についている「かんばん」が回収される。
　　(2) 受け入れ場で「かんばん」が仕入先別に仕分けされる。
　　(3) 「かんばん」は仕入先に渡され、部品とともに再び納入される。

この AM1300 はアセンブリメーカとの間を高速ディジタル回線で結び、Tier 2 との間は業者 VAN で結んだり専用回線で結んでだりしている。

　内示情報を利用していなかった時代との比較を示すデータはないが、1994 年とその 10 年前の 1984 年について次のような比較は可能である。

	1994 年	1984 年
購入材料・部材の在庫期間 （1984 年を 100 とした指数表示）	57	100
受注・問い合わせから 　納期回答までに 　製品納入までに	即時 3 日	即時 4～14 日

4.1.2　Tier 1 AM1200

　AM1000 の Tier 1 であるこの AM1200 の顧客（需用家）数は 50 から 100 の間であった。生産品種数は 50 から 100 の間であり、この 80～90 ％が主要顧客 AM1000 向けであった。月平均受注規格（仕様）数は品番数にして 3,000 ～ 4,000 であり、この 80 ％が主要顧客向けであった。

　この AM1200 の場合も、AM1000 からは 3 ヵ月内示が情報として与えられる。この 3 ヵ月内示情報に基づいて 3 ヵ月内示工数計画が策定されて全社的負荷調整が行われる。またこの 3 ヵ月内示情報に基づいて部品所要量計算が行われて Tier 2 に内示情報として送られる。この部品所要量計算は 1984 年頃には、例えば N-2 月の計画であれば N-3 月の 10 日から 15 日の間に着手されたが — したがって AM1000 からの内示情報はその前に得られた流通情報に基づいたものであったのが — 1994 年現在では N-3 月の終わりから N-2 月初めにかけての 5 日に着手して即日結果が得られるまでになった。工数計算も 5 日前の 1 日で完了するので 3 ヵ月内示工数計画は 4 日前に策定されて即日完了する。製品別生産計画表も同じく 4 日前に作られる。

　具体例として 1994 年 9 月を N 月としたときを観測しよう。N 月末の生産実現量を 100 とし、このときの生産品種数を 100 とする。これを 100(100) と表す。N 月初め（正しくは N-1 月末）の計画量と品種数は 99.6(100) であった。N-1 月初め（ただしくは、N-2 月末）については 96.7(100) であり、N-2 月初め（正しくは N-3 月末）については 91.3(99.4) と極めて高い精度であった。生産開始の 5 日前にそれまでに与えられた内示情報（月、旬ときて

細かく具体的になった納入指示書、これもあくまで内示である。）に基づいて生産計画が作られる。最後の生産計画は生産開始の 0.25 日前に作られる。これは「かんばん」に基づくもので、確定受注である。

　Tier 2 に対して以前は生産期間中に納入指示を出して納入をさせていたのであるが、現在は「かんばん」による生産（すなわち確定発注生産）になっているので、生産期間中の納入指示を出すことはない。AM1000 との間でも事情は全く同じである。このメーカが強調する内示情報生産のアドヴァンテイジはまさしくこの点から生じる：すなわちアドヴァンテイジは仕掛在庫を縮減できることと生産数量の変動幅がなくなることである。この回答は「かんばん」による生産と平準化生産それに内示情報による生産は、互いに助け合って成り立っていることを示しているように思われる。

4.2　1997 年〜2001 年

4.2.1　Tier 1 AM1100

　著者は、1997 年 11 月に AM1000 の Tier 1 である AM1100 を訪問して、下記のような回答を得た。また、AM1100 では、AM1110、AM1120 そして AM1130 への訪問をアレンジしてくれた。

【★用紙記入★】
I. 取引額
(1) 資本金：15,000〜20,000 百万円、従業員：5,000〜7,000 人
(2) 仕入れ総額：100,000〜150,000 百万円 (1996 年度)

II. 情報システム
(1) 製造販売統合情報システム：10 年前から運用
(2) 情報共有：

(A) 情報共有　　　　　：10年前からしている
　(B) 運用・管理主体　　：自社
　(C) 情報共有の内容　　：新製品の設計に関する情報：直接川上と直接川下
　　　　　　　　　　　　　販売情報：直接川下
　　　　　　　　　　　　　受注状況：直接川上と直接川下

III. 納入先・仕入先
1. 納入先・貴社・仕入先
○ 主要製品品目
　A. 品目名：ハンドル
　　　・汎用性： 汎用品ではなく、カスタム品
　　　・生産形式： 受注
　B. 納入総額：(無記入)
　C. 納入先会社数：15～25社
　D. 主要納入先名：AM1000（納入額は売上全体の40～60%）
　E. 最終製品：自動車
　F. 取引の形態：a. 製品も取引とその決済もそのメーカと直接行う
　　　参考（納入先がメーカの場合）
　　　　a. 製品も取引とその決済もそのメーカと直接行う
　　　　b. 製品はメーカへ、取引とその決済は総合商社と
　　　　c. 製品はメーカへ、取引とその決済は専門商社と
　　　　d. 上記以外
　G. 流通在庫：
　　　・1991年度：1～2日
　　　・1996年度：0.5～1.0日
　　　○ 計算法：a. 在庫額/1日の費消額(ただし、1年を稼働日数で計算)
　　　　　　（参考 a. 在庫額/1日の費消額、b. 在庫数量/1日の出荷数量）
　H. 仕掛在庫：
　　　・1991年度：4～5日

- 1996 年度：4～5 日
  ○ 計算法：a. 仕掛額/1 日の費消額
  （参考 a. 仕掛額/1 日の費消額、b. 仕掛数量/1 日の完成数量、c. 仕掛数量/1 日の費消数量）
I. 納期回答： 納期回答はしない
J. 納入先からの内示： （無記入）
K. 確定受注：
  - 1991 年度： 3～7 日前
    月次確定（第 2 章の叙述では、3 ヵ月ローリングによって「確定」した 1 ヵ月内示である。）について、その月次のはじまる 3～7 日前。なお、この数値は AM1000 からのみならず、他の得意先も含んでいる。ただし、AM1000 からは「かんばん」による納入指示が最終の確定受注であり、「かんばん」を受け取ってから 6～8 時間後の納入となる。
  - 1996 年度： 3～7 日前
    月次確定についてのこの数値は AM1000 からのみならず、他の得意先も含んでいる。ただし、AM1000 からは「かんばん」による納入指示が最終の確定受注であり、「かんばん」を受け取ってから 6～8 時間後の納入となる。「かんばん」に書かれている「1－16－8」：1 日 16 回納入する中で「かんばん」を引き取った次の納入便から数えて 8 便目に納入することになる。
L. 生産計画対象期間：3 ヵ月内示でいえば、3 ヵ月であるが、日々生産する仕様（当然ながら、複数である。）と量を確定するという意味では 1 ヵ月である。
M. 仕入先への内示：
  - 最初の内示： 月末から数えて 5 日前に出す。これは AM1000 からのものに限られており、3 ヵ月内示のローリングである。
  - 最後の内示： 月末から数えて 3 日前に 3 ヵ月内示のローリングが入る。AM1000 からは、この日に最終のが入る。他のメー

カから（と一括するのは危険である。正しくは、何社かから）この日に初めて入り、それが最終でもある。

◇ AM1000・AM1100・AM1100 の仕入先間での内示・納入
- 月の最後のある定まった日に AM1000 から内示。翌月分については月間と旬（旬が 10 日を意味するものでないことについては「第 1 章 サプライチェーンの情報構造― 論理展開 ―」1.1 で述べられている。）を確定受注、翌々月と翌翌々月については月間の内示を貰う。
- AM1000 から貰ったある日数（1～2 日）後に、仕入先である Tiers に内示。翌月分については月間と日当たり平均の確定発注、翌々月と翌翌々月については月間の内示を渡す。
- 仕入先からの「かんばん」納入：Tiers によっては 1 日 7 回納入のところもあるが、一般には多くても 1 日 2 回であり、1 日 1 回の方が多い。どちらにするかはトラックの積載量（1 回に乗せられるか）で決まる。

N. 仕入確定発注： （無記入）
O. 仕入先からの納入回数： （無記入）
◇ 生産開始（J～P 欄の前後関係の基準点）
P. 最初の製品の完成：
- 1991 年度： （無記入）
- 1996 年度： 2 時間後（生産期間に当たる。）
Q. 納入先への納入回数：（ノート参照）

○ 自慢・競争力の高い製品品目：
A. 品目名： ブレーキホース
- 汎用性： 汎用品ではなく、カスタム品
- 生産形式： 受注
B. 納入総額： （無記入）
C. 納入先会社数： 25～35 社

D. 主要納入先名： AM1000（納入額は売上全体の 50～70%）
E. 最終製品： 自動車
F. 取引の形態： a. 製品も取引とその決済もそのメーカと直接行う
G. 流通在庫： 計算法: a. 在庫額/1 日の費消額（ただし、1 年を稼働日数で計算）
　・1991 年度： 2～3 日
　・1996 年度： 2～3 日
H. 仕掛在庫： 計算法：a. 仕掛額/1 日の費消額
　・1991 年度： 5～6 日
　・1996 年度： 5～6 日
I. I. 以下は「主要製品品目」と同じであるので、省略。

【★追加用紙記入★】
IV
1. 製品品目
　・製品品目名： ブレーキホース
　・確定受注の間隔： 30 日（1 月）（本書ではこれも内示と呼んでいる。）
　・月平均受注ロットサイズ： （無記入）
　・生産品種数： 400～600 種（主要顧客向け内数：200～300 種）400～600 種のうち主要顧客向け以外については、1 週間ロット、1 ヵ月ロットの生産もある。
2. 生産計画立案情報（アセンブリメーカからの）
　◇ AM1000 以外からの受注は、まず月間、次いで週での計画納入
　　・ 二つの乗用車メーカ、一つのバス・トラックメーカからは週での指示。二つの乗用車メーカのうちの一つは「2.2.1 確定発注」のなかで述べられているその二に当たる。他の一つは同じく「2.2.1 確定発注」のなかで述べられているその三に当たる。このその三は「1.4 同期日数」に述べられているように、その二とは正反対の極にある。

- 他の一つのメーカ（このメーカは乗用車もトラックも製造している。）からは指示納入と「かんばん」が半々

◇ 精度

	6ヵ月計画	3ヵ月計画	月次計画	旬次計画	週次計画	日時計画
時期	×	×	×	×	×	×
内示・確定と精度	内	×	×	×	×	×
計画の精度	×	×	98% (AM1000)	×	×	×

- 6ヵ月計画は、工場能力を確認するのに使う。
- 98%という数値は、内示の台数をベースにしている（部品別の内示精度はとっていない。車種についてのものである。）

3. 川上メーカへの情報：材料メーカへも3ヵ月のローリングをしている。
4. 受注問い合わせへの回答所要日数：（無記入）

【★ノート★】

○ 部品の川上企業の段階数：3から4である。それ以上になると管理が複雑となる。ただし、原材料は別。
○ 情報システム：取引から技術までつながっている。
○ 月間内示、旬単位での内示
  ◇ 所要量展開、部品原単位での注文書（月間と旬単位で仕入先に出ていく）
  ◇ 翌月内示、翌々月内示（月単位）
  ◇ 日々の展開は「かんばん」
  ◇ 日々の注文 ⟶ 注文書の数字を基に「かんばん」の発行枚数に置き換える。
  ◇ 納入
    - AM1130から1日7回。
    - 一般には1日1回（多い）であり、多くても2回。

- どちらにするかはトラックの積載量（1回でやれるか）で決まっている。1回4トン。
- AM1000の用いている生産方式は固定設備にも影響する。

4.2.1.1　Tier 2 AM1110

著者は1997年12月にAM1100のTierであるAM1110を訪問して下記のような回答を得た。

【★用紙記入★】

I. 取引額
(1) 資本金：1,500～2,500万円、従業員125～140人
(2) 仕入れ総額（1996年度）：700～900百万円
　　総売上額（1996年度）：1,800～2,000百万円（国内総売上額も同じ）

II. 情報システム
(1) 製造販売統合情報システム：12年前から運用
(2) 運用・管理主体：自社
(3) 情報共有：している
(4) 情報共有の内容：販売情報（直接川下）、受注状況（直接川下）

III. 納入先・仕入先
1. 納入先・貴社・仕入先
○ 主要製品品目
　　A. 品目名：雨漏りを防ぐために窓の一部に取り付けられるもの（クォータウインドウ）
　　　生産形式：受注
　　B. 納入総額：（無記入）
　　C. 納入先会社数：1 (AM1000)
　　D. 主要納入先名：AM1100

納入（売上）額％：（無記入）　アセンブリメーカで見れば、AM1000 のほかに少なくとも二つのアセンブリメーカにも、直接ではなく、AM1100 社製の部品の一部として、納入される。

E. 最終製品：　（無記入）
F. 取引の形態：　a. 製品も取引とその決済もそのメーカと直接行う
G. 流通在庫：計算法：b. 在庫数量/1 日の出荷数量
　　・1991 年度：　4～5 日
　　・1996 年度：　1.5～2.5 日
　　　　　主要納入先を含めて全ての納入先からの納入指示は毎月あるので、完成品在庫を抱えることによって、補充点で補充生産を行う。月が変わる毎に、生産計画を更新する訳ではない。完成品在庫がこの 1.5～2.5 日分になると補充する。
H. 仕掛在庫：　計算法：　（無記入）
　　・1991 年度：　0.5 日
　　・1996 年度：　0.5 日
I. 納期回答：
　　・1991 年度：　1 日
　　・1996 年度：　1 日
J. 納入先からの内示：
　　◇ 最初の内示
　　　・1991 年度：　2 ヵ月前　（このメーカに対しては 3 ヵ月内示はないことに注意）
　　　・1996 年度：　2 ヵ月前
　　◇ 最後の内示
　　　・1991 年度：　1 ヵ月前
　　　・1996 年度：　1 ヵ月前
K. 確定受注
　　・1991 年度：　月末（例えば 30 日）から数えて 5 日前に入り、3 日前に最終のが入る（ただし、これは AM1100 が AM1000 へ

4.2 1997年〜2001年

納入する部品についてのもので、他のアセンブリメーカへAM1100 が 納入するものについては、3日前に初めて入り、それが最終となる。

- ・最初の内示：3日前
- ・最後の内示：3日前

に対応している。

・1996年度： 1991年度に同じ。

L. 生産計画対象期間：
- ・1991年度： 2日
- ・1996年度： 2日

M. 仕入先への内示
- ◇ 最初の内示：
  - ・1991年度： 1ヵ月前、1ヵ月内示しかないことに注意
  - ・1996年度： 1ヵ月前
- ◇ 最後の内示：
  - ・1991年度： 1ヵ月前
  - ・1996年度： 1ヵ月前

N. 仕入確定発注：
- ・1991年度： 月末から数えて1〜2日前
- ・1996年度： 1991年度に同じ。上のKにおける3日前が、ここでは1〜2日前となる。しかしながら、AM1110は月次の日割指示を予め行っている。すなわち、1ヵ月内示でAM1111は生産する。

O. 仕入先からの納入回数：
- ・1991年度： 1日1回
- ・1996年度： 1日2回

◇ 生産開始（J〜P欄の前後関係の基準点）

P. 最初の製品の完成：（無記入）

Q. 納入先への納入回数：

・1991 年度： 1 日 8 回
・1996 年度： 1 日 8 回

2. 仕入先
○ 主要製品品目：
　　A. 品目名：　　　　　　　（材）チッソ GG674　　　（部）エプトシーラ
　　　　　　　　　　　　　　（パレット状の塩ビ）　　　（スポンジ材）
　　B. 1996 年度仕入額：　　　　　（無記入）　　　　　　（無記入）
　　C. 仕入先会社数：　　　　　　　　2　　　　　　　　（無記入）
　　D. 主要仕入先会社：　　　　　（無記入）　　　　　　（無記入）
　　　　仕入額％：　　　　　　　（無記入）　　　　　　（無記入）

3. "もの"と情報の流れ
3.1 川下メーカ：(1)　最終製品となる時期：　　　1 週間後
　　　　　　　　　　最終製品までのメーカ数：　3 段階

　　(2)　最終メーカの発信時期　3、4 日前（「かんばん」による）

3.2 川上メーカ
　　(1)　最上メーカでの製造時期：　　1〜2 週間前
　　　　　最上メーカまでのメーカ数：　2 段階
　　(2)　今週確定発注に対する製造時期 1〜2 週間後

【★追加用紙記入★】
IV
1. 製品品目
　　・製品品目名：雨漏りを防ぐために窓の一部に取り付けられるもの
　　　（クォータウインドウ）
　　・確定受注の間隔：3 日
　　・月平均受注ロットサイズ：3,000〜8,000 セット
　　・生産品種数：15〜20（主要顧客向け内数：1）
　　・月平均受注規格（仕様）数：15〜20（主要顧客向け内数：1）

2. 生産計画立案情報（得意先メーカからの）

4.2 1997年～2001年

新製品の場合、設計から量産に入るまでに2年を要する（ということは、雨漏りを防ぐために窓の一部に取り付けられる製品はマイナチェンジに含まれることを意味する）。製品受注は量産に入る9ヵ月前。4～5ヵ月前に1次号試これに基づいてAM1100が品質確認。1ヵ月前に2次号試。これに基づいてAM1100が品質確認。さらに3次号試とそれに基づくAM1100の品質確認（1～2週間前）を経て量産にはいる。（2002年3月に依頼した原稿チェックのご回答の中で次のように変わってきていることが述べられている。すなわち、スピードの面での要求として、「2002年3月現在においては2回の号試で品質並びに工程をつくりあげることが求められ、今後もますます短期間化が進んで行く傾向となっている」との回答であった。）上で述べられているのはモデルチェンジ（マイナチェンジ、フルモデルチェンジ）である。下の精度も新製品についてのものである。

	精度				品質確認	
	6ヵ月計画	3ヵ月計画	月次計画	旬次計画	旬次計画	日次計画
時期	6ヵ月前	3ヵ月前	1ヵ月前	×	6日前	1日前
内・確と精度	内：50%	内：60%	確：90%	×	確：90%	確：90%
計画の精度	40%	50%	70%	×	85%	95%

○内・確：内示・確定受注　○計画の精度：立案した計画の精度　○内：内示
○確：確定受注

上の表における右端の「日次計画」を除いて、「計画の精度」の方がすぐ上の「内示の精度」（6ヵ月計画、3ヵ月計画）、「確定受注の精度」（月次計画）より低いことについて、著者は次のように解釈している。(1)「3ヵ月計画」における「計画の精度」50%は、「6ヵ月計画」における「内示の精度」50%を基礎にした計画の精度であり、(2)「月次計画」における「計画の精度」70%は、「3ヵ月計画」における「内示の精度」60%を基礎にした計画の精度、であると考える。

3. Tiersへの情報
・精度（新製品の場合である）

	6ヵ月計画	3ヵ月計画	月次計画	旬次計画	週次計画	日時計画
貴社工場への内示・確定と精度	×	内：75%	確：90%	×	×	×
川上への内示・確定	×	内：70%	確：90%	×	×	×

4. 受注問い合わせへの回答所要日数

	現在	5年前	10年前
納期回答までに	1日	1日	5～6日
製品納入までに	2日	2日	10日

【★ノート★】

○ メインの成型方法を「押し出し成形（サイドモール）」から「インジェクション成型」へ切り替え中

- AM1000についてはAM1100から、1ヵ月を30日とすると、月の25日に参考情報が入ってくる。月の27日にも入ってくる。この27日に入るのが翌月1ヵ月分の最終確定（しかし、1ヵ月内示である。仕様毎の台数で入る。）である。
- その他の二つのアセンブリメーカについては、27日でしか入手できない

○ 品番数500～600仕様（全アセンブリメーカ）毎月回転しているので、在庫を抱えて、補充点まで在庫が減少したら、補充生産を行う。調整するのは打ち切りのときだけである。月が変わる毎に生産計画を更新する訳ではないが、イレギュラ品については別途行う。

- 毎日生産して出荷
- 0.5日分の在庫
- 製品契約（これが主流）：材料・部品はAM1110で手配
- 仕入れ先からの納入受け入れ：1ヵ月の1日1日に納入して貰う仕様（当然ながら、複数）と量を決めて、その通りの納入である。変更はしない。

4.2 1997年～2001年

AM1100 ⟶ AM1110 ⟶ AM1112 ⟶ 塗料メーカ
　　◇ AM1110は1ヵ月内示で生産する。
　　◇ 塗料メーカは1ヵ月内示で生産する。
○ 塗料のサプライア（塗料の卸商AM1112。しかしながら、研究所も持っている。）は、このAM1110をも含めて納入先の当月のオーダを集約して、過去3～4ヵ月の出荷実績を参考にして、自社の判断で塗料メーカへ発注。発注するときの単位はグレードと色調により500～800キロ
　・AM1110からの発注・内示は上記同様
　・AM1100向けの製品については、+20％以上の振れ（通常は10％以下）の場合には、20％を越す分については対応しなくても良いことになっている。

4.2.1.2　Tier 3 AM1111（AM1110の上流）

　AM1110へはエプトシーラ（スポンジ材）を納めている。設計変更は期の途中で往々にしてある。エプトシーラは新製品設計のときから考慮に入っていることはほとんどない。不具合による設計（設計は2年前から始まっているので）変更によって採用されて納入するようになるのがほとんどの場合である。
・新車発売の1年前：1次試作：樹脂の金型を作っている。
・2～3ヵ月を経て：2次試作：（AM1110の項にある「試作を終えて製品受注が量産に入る9ヵ月前」にあたるか?）
　　・1次号試：AM1111はサンプルを金型メーカに提供する。
　　・2次号試：AM1111に話があり、AM1111は製品の提案をして仕様に入れてもらう。新車の立ち上がりの1ヵ月前に品質確定。

AM1110とAM1111との関係で見ると、エプトシーラはAM1110の製品である雨漏りを防ぐために窓の一部に取り付けられる製品を車に取り付けるときの発泡剤であって、雨漏りを防ぐために窓の一部に取り付けられる製品そ

のものではないといえよう。

4.2.1.3　Tier 3 AM1112（AM1110 の上流に位置する専門商社）

　塗料と両面テープを AM1110 へ納入している。乗用車の新製品開発時に参加する。リリースの 2〜3 年前から参加している。1 年半から 2 年前に、性能評価をして AM1000 の性能要求に合っているかの検査を受けて通ったら、使ってもらえることがわかる。ボディの外面（すなわち、外観）に使う塗料とは限らない。研究所を持っている。AM1000 は研究開発をしない商社であれば、自社のモデルチェンジには参加させない。

4.2.1.4　Tier 2 AM1120

【★追加用紙記入★】

1. 製品品目
   - 製品品目名：ブレーキホース、フューエルホース、パワステ等継手金具
   - 確定受注の間隔：30 日（本書では内示と呼んでいる。）
   - 月平均の受注ロットサイズ：5,000〜6,000 個
   - 生産品種数：300〜350 点（うち主要顧客向け数：250〜300 点）
   - 月平均受注規格（仕様）数：180〜220 点。そのうち主要顧客（AM1100）向け内数は 140〜160 点。

【★ノート★】
- ○ 仕掛在庫の削減は、段取り換えの手間を入れて考えると、必ずしもコスト減とはならない。
- ○ 得意先からの 3 ヵ月内示の最後の 1 ヵ月の内示に基づいて、あまり時間を置かないで、仕入先へ 1 ヵ月内示をする。また、3 ヵ月内示はそのまま仕入先へ流している。
  - 出庫での在庫（すなわち製品在庫）は、平均で 4 日分（平準化と受注の振れより）

4.2 1997年～2001年

- 2日分出ても1日で補充するわけではない。補充に3日（AM1120では、1日2直、1直8時間勤務）かかることもある。← 生産の平準化を崩さないようするため。

○ 各内示について
- はじめの納入分は内示で備えておく。
- AM1100から月の28日に1ヵ月内示を受ける。

○ 内示の精度
- ＋150％を越えると、4日分の製品在庫を超える。
- ＋3日分が振れの限度（対応できる限度）。

	N-2月	N-1月	N（生産）
・AM1000（高い）	90％以上	94％以上 （N-2月と同じ程度で極端にはかわらない）	94％以上
・他メーカ	50％以上	50％以上	90％以上

○ モデルチェンジ1次号試からリリースまで6ヵ月を要する。短いもので4ヵ月。開発に参加するときは、リリースの丸3年前に参加する。純粋に図面を貰うときは1.5年前。（ということは、AM1100の — ひいてはAM1000の — モデルチェンジの年によってはフルモデルチェンジに含まれることもあるし、マイナチェンジに含まれることもあることを意味する）

4.2.1.5　Tier 2 AM1130

著者はこの会社を1997年暮れに訪問した。下のデータの中に2001年についてのものがあるのは、2002年3月に著者のチェック依頼に応えて、加筆してくれたものである。この会社から得たもののうち、著者にとって特に貴重なものの一つは、【★ノート★】にあるように、AM1100との間で取り決めているAM1130が守らなくてはならない生産変動への対応の限度である。この限度である±20％は1ヵ月についても1日についてもいえるので

ある。

【★用紙記入★】
I. 取引額
(1) 1996年度仕入総額： 1,000〜1,500百万円
(2) 1996年度総売上額： 2,600〜3,000百万円
　　内国内売上総額： 2,600〜3,000百万円

II. 情報システム
◇ 1996年時点
　(1) 製造販売統合情報システム：　運用していない
　(2) 運用・管理主体：　　　　　　（無記入）
　(3) 情報共有：　　　　　　　　　していない
　(4) 情報共有の内容：　　　　　　（無記入）
◇ 2001年時点
　(1) 製造販売統合情報システム：　運用している
　(2) 運用・管理主体：　　　　　　（無記入）
　(3) 情報共有：　　　　　　　　　していない
　(4) 情報共有の内容：　　　　　　（無記入）

III. 納入先・仕入先
1. 納入先・貴社・仕入れ先
○主要製品品目
　A. 品目名：ハンドル芯金、エアバッグ用金具
　　　汎用性：汎用品ではなく、カスタム品
　　　生産形式：受注
　B. 納入総額：（無記入）
　C. 納入先会社数；3社（1996年）、8社（2001年）
　D. 主要納入先名：AM1100。納入（売上）額の50〜60％。

E. 最終製品： ハンドル
F. 取引の形態： a.製品も取引とその決済もそのメーカと直接行う
G. 流通在庫： 計算法： b.在庫数量/1日の出荷数量（著者の定義の分母である「1日の出荷数量」を回答では、日当たり数量＝1ヵ月の受注数の日当たり数量と適切に定義し直してくれている。日当たり数量＝1ヵ月受注数/1ヵ月の稼働日）
    ・ 1991年度： 2〜3日
    ・ 1996年度： 2〜3日
    ・ 2001年度： 1〜2日
H. 仕掛在庫： 計算法： b.仕掛数量/1日の完成数量
    ・ 1991年度： 2〜3日
    ・ 1996年度： 1〜2日
    ・ 2001年度： 0.5〜1日
I. 納期回答： 指示納期で納入不可能時のみ連絡する。
J. 納入先からの内示：
    ◇ 1991年度：
        ・ 最初の内示：3ヵ月前
        ・ 最後の内示：1ヵ月前
    ◇ 1996年度：
        ・ 最初の内示：3ヵ月前
        ・ 最後の内示：1ヵ月前
    ◇ どちらの年度においても3ヵ月のローリングを受ける。
K. 確定受注：
    ・ 1991年度： 3日前
    ・ 1996年度： 3日前
    ・ 2001年度： 3日前。N旬の1日1日について、納入すべき仕様（複数）と仕様毎の量が、AM1000からAM1100へはN-2旬に与えられる。それがAM1100からM1130へはN-1旬に与えられることを、この回答は示している。

L. 生産計画対象期間：
  - 1991 年度：2 日前
  - 1996 年度：2 日前
  - 2 日前ではあるが、3 ヵ月内示のローリングの「最後の内示：1 ヵ月前」（すぐ下の M. を見よ。）が重要である。
M. 仕入先への内示：
  ◇ 1991 年度：
    - 最初の内示：3 ヵ月前
    - 最後の内示：1 ヵ月前
  ◇ 1996 年度：
    - 最初の内示：3 ヵ月前
    - 最後の内示：1 ヵ月前
N. 仕入確定発注：
  - 1991 年度：2 日前
  - 1996 年度：2 日前
    上の K における 3 日前がここでは 2 日前となる。
O. 仕入先からの納入回数：
  - 1991 年度：1 日 1 回
  - 1996 年度：1 日 1 回
◇ 生産開始（J〜P 欄の前後関係の基準点）
P. 最初の製品の完成：
  - 1991 年度：2 日後
  - 1996 年度：2 日後
Q. 納入先への納入回数：
  - 1991 年度：1 日 16 回
  - 1996 年度：1 日 8 回
  - 2001 年度：1 日 6 回
  ◇ 上の Q の数値はいわゆる「かんばん」納入の場合に当てはまる。しかしながら、指示納入の場合には週に 1〜2 回である。ここでいう指示納

入は、「2.2.2 確定発注から生産まで」において、「その三：乗用車にはその三がある。」で始まるパラグラフを読まれたい。

○ **自慢／競争力の高い製品**
A. 品目名： 砥石用インサートリング
   汎用性： 汎用品ではなく、カスタム品
   生産形式： 受注
B. 納入総額： （無記入）
C. 納入先会社数： 3 社
D. 主要納入先名： （無記入）（陶磁器メーカとして世界に知られている日本メーカ）
E. 最終製品： 製鋼所等で使用される工業砥石
F. 取引の形態： a. 製品も取引とその決済もそのメーカと直接行う。
G. 流通在庫：計算法：b. 在庫数量/1 日の出荷数量。
   ・ 1991 年度： 0 日（厳密にいえば 1 日以内）
   ・ 1996 年度： 0 日（厳密にいえば 1 日以内）
   ・ 2001 年度： 0 日（厳密にいえば 1 日以内）
   ・ 受注生産である。
H. 仕掛在庫： 計算法： b. 仕掛数量/1 日の完成数量（1 日の完成数量を日当たり数量に変える）
   ・ 1991 年度： 0 日
   ・ 1996 年度： 0 日
I. 納期回答： （無記入）
J. 納入先からの内示：
   ◇ 1991 年度：
     ・ 最初の内示：1 ヵ月前
     ・ 最後の内示：14 日前
   ◇ 1996 年度：
     ・ 最初の内示：1 ヵ月前
     ・ 最後の内示：14 日前

K. 確定受注：
　　・1991 年度： 14 日前
　　・1996 年度： 14 日前
L. 生産計画対象期間： （無記入）
M. 仕入先への内示：
　　◇ 1991 年度：
　　　　・最初の内示：1 ヵ月前
　　　　・最後の内示：1 ヵ月前
　　◇ 1996 年度：
　　　　・最初の内示：1 ヵ月前
　　　　・最後の内示：1 ヵ月前
N. 仕入確定発注：
　　・1991 年度： 2 日前
　　・1996 年度： 2 日前
O. 仕入先からの納入回数：
　　・1991 年度： 2 日に 1 回
　　・1996 年度： 2 日に 1 回
◇ 生産開始（J〜P 欄の前後関係の基準点）
P. 最初の製品の完成：
　　・1991 年度： 2 日後
　　・1996 年度： 2 日後
Q. 納入先への納入回数：
　　・1991 年度： 週に 2 回
　　・1996 年度： 週に 2 回（主要製品品目の多回納入と比較されたい。）

2. 貴社と仕入先
○主要製品品目
A. 品目名：　　　　　　ボス　　アルミ材（インゴット）

4.2 1997年～2001年

　B. 1996年度仕入額：　　　（無記入）　　　　（無記入）
　C. 仕入先会社：　　　　　4社　　　　　　　1社
　D. 主要仕入先会社名：　　（無記入）　　　　（無記入）
　　　仕入額％：　　　　　（無記入）　　　　（無記入）

○**自慢／競争力の高い製品**

　A. 品目名：　　　　　　　線材
　B. 1996年度仕入額：　　　（無記入）
　C. 仕入先会社数：　　　　1社
　D. 主要仕入先会社名：　　（無記入）
　　　仕入額％：　　　　　（無記入）

3. "もの"と情報の流れ

3.1. 川下メーカ

　　(1) 最終製品となる時期：　　　1週間後
　　　　最終製品までのメーカ数：　1段階
　　(2) 最終メーカの発信時期：　　1週間前

3.2. 川上メーカ

　　(1) 最上メーカでの製造時期：　　　　2週間前
　　　　最上メーカまでのメーカ数：　　　2段階
　　(2) 今週確定発注に対する製造時期：　不明

【★追加用紙記入★】

IV

1. 製品品目

　　　製品品目名　　　　　　　ハンドル芯金
　　　確定受注の間隔　　　　　3日
　　　月平均受注ロットサイズ　1～15,000個
　　　生産品種数　　　　　　　120～140（主要顧客向け内数：×）
　　　月平均受注規格（使用）数　120～140（主要顧客向け内数：×）

2. 生産計画立案情報（川下メーカからの）
    a. 営業情報としてアセンブリメーカからの6ヵ月生産計画、3ヵ月生産計画（総量のみで製品展開なし）
    b. 3ヵ月内示のローリングを受ける。（例：1月受注時に、2月内示、3月内示）
    c. 1ヵ月内示で数量を総量で受ける。
    d. 毎日「かんばん」にて、納入便毎に、製品、数量の指示 → 社内生産指示
  ・精度（AM1000向け）

	精度				品質確認	
	6ヵ月計画	3ヵ月計画	月次計画	旬次計画	旬次計画	日次計画
時期	×	×	×	×	×	×
内・確と精度	内：80%	内：90%	確：98%	×	×	確：100%
計画の精度	×	×	×	×	×	×

○このメーカの場合、「旬次計画」の旬は3日である。

3. 川上メーカへの情報
    ・上記2と同じ
    ・精度：上記2と同じ
4. 受注問い合わせへの回答所要日数
    ・製品によって異なる。（材料・部品の仕掛状況等）

【★ノート★】
  ○ 「かんばん」は、±20%で約束
    ・「かんばん」は、±20%以内でないとうまく動かない（平準化できない）。AM1130とAM1100の間では、「かんばん」は1ヵ月のばらつきが内示に対して±20%以内ととりきめている。また、日々のばらつきも±20%以内。

4.2.2 Tier 1 AM1200

著者はこの会社を 1998 年前半に 2 度訪問した。

【★用紙記入★】
　・資本金：5,000〜6,000 百万円　従業員：2,500〜3,500 人

I. 取引額
(1) 1996 年度仕入総額： 55,000〜65,000 百万円
(2) 1996 年度総売上額： 75,000〜85,000 百万円
　　内国内売上総額： 総売上高の大半

II. 情報システム
　(1) 製造販売統合情報システム：　運用していない
　(2) 運用・管理主体：　　　　　　（無記入）
　(3) 情報共有：　　　　　　　　　していない
　(4) 情報共有の内容：

IV. 納入先・仕入先
1. 納入先・貴社・仕入れ先
〇主要製品品目
　A. 品目名：スロットルボディ
　　　汎用性：（無記入）
　　　生産形式：（無記入）
　B. 納入総額：（無記入）
　C. 納入先会社数；10〜15 社
　D. 主要納入先名：AM1000
　　　納入（売上）額％：（無記入）

E. 最終製品： （自動車）
F. 取引の形態： a. 製品も取引とその決済もそのメーカと直接行う
G. 流通在庫：計算法： a. 在庫額/1 日の費消額
    ・ 1991 年度：スロットルボディ：0.5 日（全体で 1.5 日）
    ・ 1996 年度：スロットルボディ：0.5 日（全体で 1.5 日）
H. 仕掛在庫：計算法： a. 仕掛額/1 日の費消額
    ・ 1991 年度： 2 日
    ・ 1996 年度： 2 日
I. 納期回答： 即
J. 納入先からの内示：
    ◇ 1991 年度：
        ・ 最初の内示：3 ヵ月前（3 ヵ月のローリングを示していると著者は考える）
        ・ 最後の内示：N-2 旬（本書ではこれを確定発注と呼んでいる。）
    ◇ 1996 年度：
        ・ 最初の内示：3 ヵ月前（3 ヵ月のローリングを示していると著者は考える）
        ・ 最後の内示：N-2 旬（本書ではこれを確定発注と呼んでいる。）
K. 確定受注：
    ・ 1991 年度： 1 日前
    ・ 1996 年度： 1 日前
        これは「かんばん」のことをいっているとみてよいと著者は考えている。後の Q では AM1000 への納入回数は 1 日 8 回と回答をくれているが、「かんばん」の場合でも、何便遅れの納入になるかで、1 日前の確定発注と回答される。
L. 生産計画対象期間：
    ・ 1991 年度：N 月末 - 5 日前後に向こう 3 ヵ月
    ・ 1996 年度：N 月末 - 5 日前後に向こう 3 ヵ月
M. 仕入先への内示：

◇ 1991年度：
　　・最初の内示：3ヵ月前
　　・最後の内示：N-2旬の最後の日
◇ 1996年度：
　　・最初の内示：3ヵ月前
　　・最後の内示：N-2旬の最後の日
N. 仕入確定発注：
　　・1991年度：大半 (99.5%) は1日前。0.5%が指示納入（これはAM1000へ納入するためのもの以外の可能性大 ··· 著者）
　　・1996年度：大半は1日前（仕入先へは99.5%が「かんばん」：日々流れているものは「かんばん」）
O. 仕入先からの納入回数：
　　・1991年度：大半は1日1回
　　・1996年度：大半は1日1回（2～4回もある）
◇ 生産開始（J～P欄の前後関係の基準点）
P. 最初の製品の完成：
　　・1991年度：2日後
　　・1996年度：2日後
Q. 納入先への納入回数：
　　・1991年度：8回／日（AM1000へ）　1回／日（AM1000以外へ）
　　・1996年度：8回／日（AM1000へ）　1回／日（AM1000以外へ）

○**自慢・競争力の高い製品品目**
　A. 品目名：インジェクタ (EFI:Electronic fuel injector)
　　　汎用性：　（無記入）
　　　生産形式：（無記入）
　B. 納入総額：　（無記入）
　C. 納入先会社数；10～12社
　D. 主要納入先名：AM1000
　　　納入（売上）額％：　（無記入）

E. 最終製品：（自動車）
F. 取引の形態：a. 製品も取引とその決済もそのメーカと直接行う
G. 流通在庫：計算法：a. 在庫額/1日の費消額
    - 1991年度：2日（全体で1.5日）
    - 1996年度：2日
H. 仕掛在庫：計算法：a. 仕掛額/1日の費消額
    - 1991年度：4日
    - 1996年度：4日（1998年からはAM1000の近くに立地する工場からの直納を始めるので、2日に短縮される）
I. 納期回答：即
J. 納入先からの内示：
    ◇ 1991年度：
        - 最初の内示：3ヵ月前
        - 最後の内示：N-2旬（本書ではこれを確定発注と呼んでいる。）
    ◇ 1996年度：
        - 最初の内示：3ヵ月前
        - 最後の内示：N-2旬（本書ではこれを確定発注と呼んでいる。）
K. 確定受注：
    - 1991年度：1日前
    - 1996年度：1日前
L. 生産計画対象期間：
    - 1991年度：N月末 - 5日前後に向こう3ヵ月
    - 1996年度：N月末 - 5日前後に向こう3ヵ月
M. 仕入先への内示：
    ◇ 1991年度：
        - 最初の内示：3ヵ月前
        - 最後の内示：N-2旬の最後の日（本書ではこれを確定発注と呼んでいる。）
    ◇ 1996年度：

4.2 1997年〜2001年

- 最初の内示：3ヵ月前
- 最後の内示：N-2旬の最後の日（本書ではこれを確定発注と呼んでいる。）

N. 仕入確定発注：
- 1991年度：大半は1日前
- 1996年度：大半は1日前（仕入先へは99.5%が「かんばん」：日々流れているものは「かんばん」）

O. 仕入先からの納入回数：
- 1991年度：大半は1日1回
- 1996年度：大半は1日1回（2〜4回もある）

◇ 生産開始（J〜P欄の前後関係の基準点）

P. 最初の製品の完成：
- 1991年度：2日後
- 1996年度：2日後

Q. 納入先への納入回数：
- 1991年度：8回／日（AM1000へ）　1回/日（AM1000以外へ）
- 1996年度：8回／日（AM1000へ）　1回/日（AM1000以外へ）

2. 貴社と仕入先
3. "もの"と情報の流れ
3.1. 川下メーカ
(1) 最終製品となる時期：1週間以内（実際は2〜3日後 … ロットナンバでわかる）

最終製品までのメーカ数：2段階の企業

AM1200 → エンジンメーカ（AM1000のエンジン工場→ボディメーカ（AM1000のボディ工場）

(2) 最終メーカの発信時期：1週間前（2〜3日）

3.2. 川上メーカ
(1) 最上メーカでの製造時期：1週間前（3ヵ月前に内示をしているが、製造時期は特定できない）

最上メーカまでのメーカ数： 3段階の企業
　　　　AM1200 ← 加工メーカ ← （専門）商社 ← 材料メーカ
　　　○ 商社：
　　　　・ダイカスト：有力な総合商社
　　　　・プレス：専門商社
　　　　・バブル材：（無記入）
　　　　・樹脂：上の有力な総合商社
　　　　・特殊鋼：特殊鋼メーカ
　　　　・鋼板：AM1000 が購入して配る
　　　○ 商社は鋼板を切って加工メーカに渡すこともある。
　(2) 今旬確定発注に対する製造時期： 2旬後。材料メーカは見込み生産で対応しており、当社の今週の確定発注に対しては、仕掛状況を見ながら都度修正対応している。ただし、当社の発注は、旬単位でなく日々の「かんばん」にて実施。）
○ 精度
　・AM1000 平均して 98％
　・AM1000 以外の場合も、AM1000 とほぼ同様
　・個別にみれば、大きく変わるものもある。ただし、全体からみれば影響は小さい。
○ 内示の利用（AM1000 も AM1000 以外のほとんどのメーカに対しても同じ）
　・6ヵ月内示は 設備能力をみるのに使う
○ 生産方式
　・AM1000 以外の少量のものは、ロット生産（量が問題）。そのため、1ヵ月在庫となる場合もある。

4.2.2.1　Tier 2 AM1210

　著者はこの会社を AM1200 から紹介されて 1998 年央に訪問した。

【★ノート★】
○取引先
- AM1200 は、売上高の 50～60％の取引会社である（AM1200 の関連会社）。インジェクタの切削部品を製造し、技術が要る。表面処理を除いて、この AM1210 で終わる。
- DE1000 のエアコン工場へ 5～6 点の部品を納入。（以下はそのエアコン工場について）
    - 3 ヵ月内示はない。当月内示はある（8 月には、9 月分の内示）（製品別に担当者から聞き出して、内示らしきものをつくる）。
    - 極端に変わる場合は、2～3 ヵ月の情報あり。
    - 急な変動があるので、実質的な年間計画はなかった。
    - 6 月に、秋以降の生産が決まる。

【★用紙記入 ＋ ノート★】
I. 仕入総額と売上総額
(1) 1996 年度の仕入総額：1,600～1,900 百万円（材料含む）
(2) 1996 年度の仕入総額：3,000～3,500 百万円（国内向けがすべて）

○外注
- 機械加工、熱処理、表面処理。
- 材料は、自社持ちあるいは外注先が材料を購入するものもある。
- 外注先は 18～22 社（常時）100 社（ときたまも入れると）。

```
AM1210 での作業：──┐    ┌──┐    ┌──┐ 検査 ┌──
                   │    │  │    │  │      │
外注での作業：      └────┘  └────┘  └──────┘
                    熱処理     加工
```

II. 納入先と仕入先
A. 品目名： ハウジング（燃料を汲み上げるポンプ）
　　生産形式： 受注生産

- ・年間計画
- ・3ヵ月内示（8月末（28／29日）に、9、10、11月の3ヵ月の内示）
B. 納入総額：（無記入）
- ・主要納入先への割合：ハウジングは100％AM1200へ
- ・納入先会社数
    - ・1996年度：4社（自動車関係メーカ2社、電気機械関係2社）
    - ・1998年度：8社（他の製品も含めて全部…上の4社のほかに新規に4社）
- ・納入先との取引の形態：a. 製品も取引とその決済もそのメーカと行う。
- ・モジュール化：N個の会社から入れていたN個を1つに組み立てて1社から。
C. 最終製品：EFI電動フューエルポンプ
D. 主要仕入部材名：シャフト
- ・1996年度仕入額：（無記入）
- ・仕入先会社数：1社
E. 仕入まで最長時間の部材：プラグサーモ
- ・所要期間：3週間
    - ・1社からのみ仕入
    - ・途中工程が多い
F. 仕入まで最短時間の部材：ブッシュ
- ・所要期間：2日（ほとんどは、2日で入ってくる）
G. 流通在庫：計算法：b. 在庫数量/1日の出荷数量
- ・以下の値は、全製品での値：ハウジングだけなら0.5日
    - ・1991年度：5〜8日
    - ・1996年度：2〜4日
H. 仕掛在庫：計算法：b. 仕掛数量/1日の完成数量
- ・以下の値は、全製品での値：ハウジングだけなら0.5日
    - ・1991年度：6〜8日

4.2 1997年～2001年

- 1996年度：3～5日
I. 納期回答 （無記入）（アンケート記入：以下2行はノート）
    - AM1200へは納期回答（修理部品の場合）は1日（翌日）。リードタイムが長いものは在庫で対応。
J. 納入先からの情報
    - 1991年度、1996年度とも 内示、確定受注。
    - 毎月（28／29日頃）得意先より、3ヵ月内示を受ける。
    - 翌月分は確定受注（これを本書では1ヵ月内示と呼んでいる）。次の2ヵ月は内示。
    - 「かんばん」方式は内示数に対して、±10%の振れ。
    - 「かんばん」に対しては100%。
    - 3ヵ月内示もそれほど振れない。
    - 1996年度も同じ。
    - 部品になるほど、コストダウンのために、変更がよくおこるので、先の仕掛かりをすると危険。
        - 2ヵ月程度の内示でよい。
        - 手作業のため、3ヵ月までやれない。
    - 1度に多く作ったほうがよいことも多い。── ロット生産
K. 生産計画策定：
    - 1991年度
        - 生産計画策定日：2日前（これは、月末を30日とすると、28日の意であると思われる。）
        - 策定に要する時間： （無記入）
        - 生産計画の対象期間： （無記入）
        - 生産計画の精度： （無記入）
    - 1996年度
        - 生産計画策定日：2日前（これは、月末を30日とすると、28日の意であると思われる。）
        - 策定に要する時間：1日

- 生産計画の対象期間：1ヵ月
- 生産計画の精度：「かんばん」で100％

L. 仕入先への情報：
- 1991年度、1996年度とも 内示・確定発注
- 1991年度：毎月29日頃に1ヵ月分の内示
- 1996年度：毎月29日頃に2ヵ月分の内示（1998年から）

M. 仕入先からの納入回数：
- 1991年度：1日1回
- 1996年度：1日1回

◇ 生産開始（J～N欄の前後関係の基準点）

N. 最初の製品の完成
- それほど時間はかからない

O. 納入先への納入回数（「かんばん」納入）
- 1991年度：1日1回
- 1996年度：1日1回

III. "もの"と情報の時間的流れ

1. 川下メーカ
   (1) 川下メーカはある
   (2) 主要製品が、最終メーカで製品になるまでの時間は1週間後、最終メーカまでの企業段数は2段階

2. 川上メーカ
   (1) 川上メーカはある
   (2) 主要製品品目の部材名：リンク
       - もっとも遠い川上メーカでいつ製造されたものか：1週間前
       - そこまでの企業段階：2段階
       - リンクとはスロットルボディの上と下を連結する棒である。
         プレス（曲げ）に1社 ─ 切削に1社 ─ メッキ

3. 貴社の内示あるいは、発注に基づいて部材の生産を開始する

- 川上メーカまでの企業段数：2〜3段階
- 部品の変更は単品に近くなればなるほどある。設計変更の頻度は単品になればなるほどある。理由：検査・評価が短期間で済む。

4.2.2.2　Tier 2 AM1220

著者はこの会社をAM1200から紹介されて1998年央に訪問した。

【★用紙記入　＋　ノート★】
I. 仕入総額と売上総額
(1) 仕入総額：1,000〜1,200百万円
(2) 売上総額：3,900〜4,300百万円（国内だけが相手）

II. 納入先・仕入先
A. 品目名と売上額
- 自動車付属部品：　（無記入）
- インジェクタ用部品（ボディ、コア、シート）：　（無記入）
  ボディは外体で、シートは燃料がでる頭の穴のあいた部分
- 生産形式：受注生産

B. 売上額：上記
- 主要納入先会社 (AM1200) への売上割合：全体（5社）を100％とすれば40％台の前半
- 納入先会社数：15〜20社
- 納入先との取引の形態：
  - AM1200を含む2社とは　a. 製品も取引とその決済もそのメーカと行う
  - 別の3社とは　b. 製品はメーカ（AM2000とAM3000を含む）へ、取引とその決済は専門商社と
  - 溶解等は見込みで進めている。それで1ヵ月。(製鋼メーカが見込みで熔解（電気炉）工程を終えている)

- 在庫低減活動
    - バッチ処理のロット単位を小さくし、工程間での在庫を減らせる。(焼鈍はバッチ処理をする工程である。この工程の前後の在庫を減らしていく。1日以内ロットで進めるようにした。)
    - 外注の時間も、1ヵ月内ロットにした。
    - 前後も1ヵ月内ロットにした。

C. 最終製品：インジェクタ（気化器）
D. 主要仕入部材名： ステンレスのコイル材
  - 1996年度仕入額： （無記入）
  - 主要納入先からの割合： （無記入）
  - 仕入先会社数：3～5社
E. 仕入までの最長部材：ステンレスのコイル材（所要時間：3ヵ月）
F. 仕入までの最短部材：
  - 純鉄（1ヵ月）
  - 冷間圧延鋼板（1日）
G. 流通在庫：計算法：b. 在庫数量／1日の出荷数量
  - 1991年度：4日～5日
  - 1996年度：2日～3日
H. 仕掛在庫：計算法：b. 在庫数量／1日の完成数量
  - 1991年度：2日～3日
  - 1996年度：2日～3日
I. 納期回答の所要日数：
  - 1991年度：1日～2日
  - 1996年度：1日～2日
J. 生産計画に用いる納入先からの情報
  - 1991年度：内示と確定受注
  - 1996年度：内示と確定受注
  - 内示・受注・生産：

4.2 1997年～2001年

- 1991年度、1996年度とも同じ。
- 9月に生産・納入するものは、8月26日に内示を受け、9月に「かんばん」にて受注（AM1200から）。
- 9月に生産するものは、8月31日までに、9月分の確定受注を受け、9月に納入（AM1200以外）。内示は、他社（AM1200以外）からもあり。

K. 生産計画策定：
- 1991年度：4日前（AM1200に対する場合）
- 1996年度：4日前（AM1200に対する場合）
- 策定に要する時間：
  - 1991年度：1日
  - 1996年度：1日
- 生産計画の精度：
  - 1991年度：70%
  - 1996年度 95%（AM1200）、80%（全品）
    AM1200へは「かんばん」による納入である。AM1200以外へは「かんばん」による納入ではない。何月何日にいくら納入するようにとの計画がきている。しかし、追加や取り消しがある。生産中止になって、作りはしたが受け取ってもらえないのは、補償を請求する。
  - 4日前にAM1200から磁気テープを受けて計画をする。
    - 精度:
      - 1991年度：90%
      - 1996年度：95%～98%
      - 違った場合でも補償要求はしない（1度だけしたことがある）。流れている場合は、翌月に回せる。生産が止まる場合は、補償あり。

L. 仕入先への情報
- 1991年度、1996年度とも内示・確定発注

- 内示・受注・生産：
    - 1991年度： 月末に翌月分の確定発注をする。
    - 1996年度： 9月に仕入・生産するものは、8月26～27日に9月前半分の確定発注と9月分の内示を出し、9月後半分の確定発注を9月11日に出す。前半と後半とは、稼働日数を半分に区分。
- 上で述べられている回答は、プレス部品のようなリードタイム（生産期間が主要部分）の短い部品に当てはまる。インジェクタ関係のようなリードタイムの長い部品は依然として1991年度と同じように月1回の確定発注である。なお、リードタイムの長いものは、10％程度を乗せて、見込みで出しておく。具体的には、ステンレス材のリードタイムは長い。
- プレス品は、1日（実働）。比率は価値（金額的）に圧倒的に大きいので最初に回答を受けた。

M. 仕入先からの納入回数
- 1991年度、1996年度とも1日1回（1社以外）。1社だけ1日2回。

◇ 生産開始（J～O欄の前後関係の基準点）

O. 最初の製品の完成
- インジェクタ部品は、1991、1996年度とも2週間後
- プレス品は、1991、1996年度とも3日後

P. 納入先への納入回数
- 1991年度、1996年度とも1日1～2回
- AM1200の場合は1日1回と1日2回あり。他社へは1日1回（宅配便を利用）
- AM1200への納入をインジェクタ部品に限ると1日1回
- 他社は、1日1回

III. "もの"と情報の時間的流れ

1. 川下メーカについて：
(1) 川下メーカ：有り
(2) 主要製品が、最終メーカで製品になるまでの時間：3週間後（推定値）
最終メーカまでの企業段数：2段階（実値）
2. 川上メーカについて：
(1) 川上メーカ：ある
(2) 主要製品品目の部材名：ステンレス・コイル材
   - もっとも遠い川上メーカで何時製造されたものか：12週間前（推定値）
   - そこまでの企業段階：3段階（実値）
(3) 貴社の内示あるいは、発注に基づいて部材の生産を開始する。
   - 川上メーカまでの企業段数：3段階（実値）

4.2.3 Tier 1 AM2100

　この会社は自動車のアセンブリメーカAM2000へシート（シートはフルモデルチェンジに属する。）を供給する。アセンブリメーカAM2000は第1章の図1-2に示されているように、3ヵ月内示の月毎のローリングとともにN-2週の最後の曜日にN週1週間分の内示をする。それと同時に中5稼働日置いての1日（N週第1日目）分を確定発注する。

　このAM2100の納入先のAM2000を1993～1994年に訪問したときには、3ヵ月内示のローリングに変わりはなかったのであるが、瀬戸・本田[1995]（53ページ）に1週間の割付生産をおこなうアセンブリメーカとして述べられている。この叙述が示すように、1週間単位の確定発注をTier 1に対して行っていた。この中5稼働日置いての1日分の確定受注を受けてから、Tier 1に作り始めさせるのがアセンブリメーカAM2000がこのような発注方式に変えた理由であると著者は受け取っている。

　しかしながら、Tier 1であるAM2100では、著者の訪問した2000年8月において、確定受注の3日前に生産に入っている。さらに、この生産のため

に1日先行でサプライア（AM2000からいえば、Tier 2 に当たる。）に納入指示を出している。この Tier 2 はもう1日先行で生産に入る。この Tier 2 に材料を供給する材料メーカ Tier 3 はさらにもう1日先行で生産する。このように各パートナの段階で1日先行で生産をする。これが可能であるのでは、アセンブリメーカである AM2000 の出す1ヵ月内示の精度が 90 以上であるからである。なお、3ヵ月内示の精度も 70～80％と高い。大抵のサプライアへの内示はこの3ヵ月内示から始まる。しかしながら、この AM2100 のように糸からシートとしての完成まで6ヵ月を要し、かつ AM2000 の専用糸が使われる場合には6ヵ月前の情報が与えられる。この6ヵ月情報は生産の段階に使えるデータは入っていないが、50％前後の精度があるので表皮織りメーカには役立つ。

　シートのモノとしての生産期間であるが、紡績から表皮材としての完成まで6ヵ月かかる。なお、表皮材は AM2000 からの支給材である。表皮材からシートとしての完成までは 60～80 秒と短い。紡績メーカにおいては AM2000 専用糸が使われる。しかしながら、その生産は AM2000 から確定発注があってのことではない。

　シートのフレームは、AM2100 の研究所が板厚、材質、表皮材との組み合わせから研究している。しかしながら、銑鋼一貫メーカのつくる標準品ではあるようである。プレスは1週間のサイクル生産である。プレス後にロットで在庫して置いて、確定受注ののちに溶接にはいる。溶接から完成までは、2000 年現在において。3～4 日であった。

　サプライ・チェーンに関して次のことがいえる。Tier 2 は AM2100 の製造で必要とされる品番の順に製品を作る。そして今度は AM2100 もまた、AM2000 の製造で必要とされる品番の順に製品を作る。納入するときのトラックの中でも AM2000 で必要とされる順に取れるように置いている。

【★用紙記入】
○資本金：4,000～6,000 百万円

I. 取引額

(1) 1999 年度の総仕入額（1996/6～2000/5）： 80,000～95,000 百万円
(2) 1999 年度の総売上額： 180,000～210,000 百万円
　　うち国内売上総額： 130,000～150,000 百万円

II. 情報システムについて

(1) 製造販売統合情報システム的なものの利用：a. 既に運用中（15 年前から）
(2) システムの運用・管理主体：a. 貴社（AM2100）
(3) 情報共有： a. している（4 年前から）
　　・以前からも工場間オンライン受発注はしていた。
(4) 情報共有について：

	間接川上	直接川上	直接川下	間接川下	海外川上	海外川下
a. 新製品の設計情報		○	○		○	○
b. 販売情報		○				
c. 在庫情報						
d. 生産進捗情報		○	○			
e. 受注状況		○	○			
f. その他		○	○			

III. 納入先・仕入先

1. 仕入先・貴社・納入先

A. 品目名： 自動車用シート
B. 1999 年度納入額： （無記入）
C. 納入先会社数： 4 社
D. 主要納入先： AM2000
E. 最終製品： シート ASSY
F. 取引の形態： （回答求めず）
G. 流通在庫：
　　・1994 年度： （無記入）

- 1999 年度： 8 時間分
H. 仕掛在庫：
    - 1994 年度： （無記入）
    - 1999 年度： 60～80 秒
I. 納期回答の所要日数：
    - 1994 年度： （無記入）
    - 1999 年度： （無記入）
J. 納入先からの内示：
    - 1994 年度： 最初の内示は月、 最後の内示は週
    - 1999 年度： 最初の内示は月、 最後の内示は週
K. 納入先からの確定受注：
    - 1994 年度： 週
    - 1999 年度： 週
L. 生産計画策定：
    - 1994 年度： 週： 対象期間 （無記入）
    - 1999 年度： 週： 対象期間 （無記入）
M. 仕入先への内示：
    - 1994 年度： 最初の内示は月、 最後の内示は週
    - 1999 年度： 最初の内示は月、 最後の内示は週
N. 仕入先への確定発注：
    - 1994 年度： 週
    - 1999 年度： 週
O. 仕入先からの納入回数：
    - 1994 年度： 日に 8 回
    - 1999 年度： 日に 8 回
◇ 生産開始（J～P 欄の前後関係の基準点）
P. 最初の製品の完成： （回答求めず）
Q. 納入先への納入回数：
    - 1994 年度： 1 日にトラック 150～250 台分（シートは、トラック 1 台

4.2 1997年～2001年　　　　　　　　　　　　　　　　　　　　　　　　**105**

　　に36台分しか詰めない）
　・1999年度：上に同じ
2．貴社と仕入先
(1) 主要製品品目について
　　A．品目名：パッド（ウレタンをクッション材に使っている）
　　B．1999年度仕入額：（無記入）
　　C．仕入先会社数：（無記入）
3．"もの"と情報の時間的流れ
3.3．川上メーカ
　　(1) 今週利用の部材品目の、最も遠い川上メーカの製造は12週間前（表皮材の織り）。最も遠い川上メーカまでの企業は5段階の企業。
　　(2) 今週発注に対応した最も遠い川上メーカでの部材の生産は12週間後。

IV.

1．対象製品品目
　・製品品目名：シートASSY
　・確定受注の間隔：6日
　・月平均の受注ロットサイズ：（無記入）
　・生産品種数：4～8（主要顧客向け内数：4～8）
　・月平均受注規格（仕様）数：900～1,100（主要顧客向け内数：900～1,100）
2．生産計画立案に用いる川下取引先からの情報について
　・長期生産計画（1年間）→ 上期/下期計画
　　→ 3ヵ月内示：オーダリスト（原材料発注：AM2100のサプライヤが発注をかける）
　　→ 所要量予定（取引先生産、リードタイムが長い製品）
　　→ 週間確定（完成品/搬入）
　　→ 確定差異版（完成品/搬入）
　・生産計画について：　ドア数別

	上/下期計画	3ヵ月内示	月度生産計画	組立計画
生産計画開始日の	×	×	30～15日前	6日
内示か確定発注か	内示	内示	内示	確定
その精度	50%	70～80%	90%	100%
立案した計画の精度	50%	70～80%	90%	100%

- AM2100は「上/下期計画」から入る。
- 他の会社は「3ヵ月内示」から入る。

3. 川上取引先への情報： （無記入）

【★ノート★】
○ 工場は 日本国内に4、北米に5、その他に5
○ 売上の80～90%はAM2000関係。
○ シェア：AM2000の車に装着するシートの大半はAM2100社製。
○ 製品：シート、ドアの内張、ルーフ、ハンドル
○ サプライア
  - 数：約200社
  - AM2100が管理しているのは、AM2100の一次メーカ（すなわち、AM2000のTier 2）まで。
    - 事業計画、収支は管理しているが、資材発注はその会社に任せている。
    - ただし、資材も特殊なものはAM2100の指定もある。
    - 子会社と関連会社は関連事業部が、資本関係のない会社は購買本部で対応。
  - AM2100が行うコストの検証作業はAM2100の二次メーカ（AM2000からいえば、Tier 3）まで。
    - バブルが崩壊して、AM2100へのサプライアが苦しくなった。AM2100にとっての一次サプライアの状態把握・改善のために、二次サプライアまでのコストの情報が必要だった。
  - コストについては、モデルチェンジの時に、4年間を通じたものと

4.2 1997年〜2001年

して、一次サプライアと話をする。
- QCDD (Quality Cost Delivery Development) を重視している。
- シート：完成品在庫：17時現在で明日の10時までの在庫。8時間分程度：0.5日分（現在、1994年も同じ）。1日は2直（1直は8時間）
- ルーフ：完成品在庫：1.5〜2.5日

第5章
家電産業におけるサプライア

　本章では、家電産業におけるサプライアとして家庭用電気洗濯機メーカ DE1000 へ部材を供給する二つの Tiers を取り上げる。家庭用電気洗濯機のアセンブリメーカについてはすでに第1章の図1-1と第2章で取り上げているので、ここで改めて述べることはしない。
　本章で用いられている生産計画の精度については、第4章冒頭の叙述を参照されたい。

5.1　1997年〜2001年

5.1.1　Tier 1 DE1100

　この企業は、著者の訪問した1998年現在において、全得意先への出荷額の5〜10％を DE1000 へ出荷していた。自動車メーカ（車のバックライト）や携帯電話メーカへも出荷している。資本金は1億円弱である。

【★用紙記入★】
○従業員数 450〜550人
I. 仕入総額と売上総額

- 1996 年度の仕入総額（96 年 8 月〜97 年 7 月）：7,000〜9,000 百万円
- 1996 年度の売上総額（96 年 8 月〜97 年 7 月）：11,000〜13,000 百万円
  内国内売上総額：11,000〜13,000 百万円

II. 納入先・仕入先

A. ：製品：
   - 品目名：水槽カバー（全自動洗濯機）
   - 生産形式：受注生産
B. 取引：
   - 1996 年度売上額：（無記入）
   - 主要納入先会社への売上割合（水槽カバーについて）：DE1000 だけへ納入。全製品売上の 2.5〜3.5%
   - 納入先会社数：35〜45 社（全製品の納入先 … 自動車・OA も含めての納入先）
   - 取引の形態：納入先がメーカの場合 a. 製品も取引とその決済もそのメーカと行う
C. 最終製品：（全自動洗濯機）
D. 主要仕入部材名：着色ペレット（PP）：樹脂材料
   - 1996 年度仕入額：（無記入）
   - 主要仕入先会社からの仕入割合：（1 社で 90%以上）
   - 仕入先会社数：2 社
     - 韓国から DE1000 指定の企業へ輸入し着色（色ずれを防ぐために DE1000 が指定）。DE1100 における材料在庫は 1〜2 週間。DE1100 は仕入先の企業に対して使用期間と月の使用量を提示しておく程度で、引き取り責任はない）。
E. 内示・発注から仕入まで最長時間の部材名：PP（最大の透明度の PP）
   - 所要期間：2 週間
F. 内示・発注から仕入まで最短時間の部材名：PP
   - 所要期間：1 週間

G. 流通在庫：計算法：b. 在庫数量／1日の出荷数量
- 1994年度：3〜7日
- 1998年度：0.5〜1日

H. 仕掛在庫：計算法：（無記入）
3日分を適正在庫としている（流通在庫と仕掛在庫をあわせて、1998年度に関してはDE1000とタクトが合っているといえる。）
- 1994年度：約1〜3日
- 1998年度：約1〜3日

I. 納期回答：納入指示通り（変化点のときは1週間）
- 1994年度：2〜3時間後
- 1998年度：2〜3時間後

J. 生産計画に用いる納入先からの情報：
- 1994年度：確定受注
- 1998年度：確定受注
○ 内示・受注の様子
  - 週単位（4回／月）の確定注文（日割り、時間割）を暦日で2週間前（ほぼ15日前）に入手する。
  - DE1000から1ヵ月分の内示はきており、これはDE1100にとって重要である。
○ 在庫情報の場合：（無記入）

K. 生産計画策定
- 1991年度：15日前
- 1997年度：15日前
○ 策定に要する時間
  - 1994年度：1日
  - 1998年度：1日
○ 生産計画対象期間
  - 1991年度：（無記入）
  - 1997年度：（無記入）

○ 生産計画の精度
- ・1994年度： （無記入）
- ・1998年度：80%〜90%

L. 仕入先への情報
- ・1994年度：内示・確定発注
- ・1998年度：内示・確定発注
- ○ 内示・発注の様子
    - ・項目Jと同じ
    - ・週単位（4回／月）の確定注文（日割り、時間割）を暦日で2週間前（ほぼ15日前）に発する。
    DE1000からの1ヵ月分の内示を部材に直して、与えている。

M. 仕入先からの納入回数
- ・1994年度： （無記入）
- ・1998年度：PPは週に1回（「暦日で2週間後に○トン入れてください」と毎週いう）。外注の場合は、1日に1回（9割以上は専用PP）。

◇ 生産開始（J〜O欄の前後関係の基準点）

O. 最初の製品の完成
- ・1994年度： （無記入）
- ・1998年度：3日後

P. 納入先納入回数
- ・1994年度：1日に2回
- ・1998年度：1日に4回

III. "もの"と情報の時間的流れ

1. 川下メーカ：
   (1) 川下メーカの有無：有る
   (2) 最終製品となる時期：1週間後（成型品の場合）。今日の3時納入、明日1番に使われる。

最終製品までのメーカ数： DE1000 に直納する。
2. 川上メーカ：
　　(1) 川上メーカの有無： 有る
　　(2) 最上メーカでの部材： PP（カラーペレット）
　　　　最上メーカでの生産は何週間前： 2 週間前（実値）
　　　　最上メーカまでの企業段階： 1 段階の企業（実値）
　　(3) 内示・発注情報を利用する最上メーカまでの企業数：1 段階前までの企業（実値）（DE1100 仕様）

【★ノート★】

○ DE1000 は洗濯機の水槽カバー（成形:PP）を数社に発注しているが、そのうちの 1 社である。
○ 1 個作成するのに 60 秒弱（ロボットで生産：平準化：24 時間操業）。（型締めをして、圧力をかけて、溶けた材料を射出する。摂氏 60～70 度でも変形しない状態で、摂氏 0 度近い水のなかで 1 サイクル 60 秒くらい。）
○ （型精度はよいので）バリ（注入箇所の出っ張り）が出ないように金型を修正しながら用いている。
○ スプールランナ（材料から製品までへ流す通り道）。1 点注入か、2 点注入がよいか等を考えて設計。
○ 色の管理
　　・ 数段階ある。各段階で製造管理の方式も異なる。
　　・ 例：5 年間色が変わらない。ただし、家庭内と外との環境の差によって変色年度が異なる。また、同じ家庭内でも場所によって―陽の当たる場所と当たらない場所で―変色の度合いが違う。
　　・ 色差計での計測幅
○ 水槽カバー：たとえば 2 年間は毎月 X 個 というような内示はある。
○ 水槽カバーは数パターン。作ってすぐ発送（在庫：0.5 ～1 日）。
○ 海外：注文して 3 ヵ月後納入のものは、仕入先からの確定受注がなくても、内示で注文を出す。万一のときは、材料費（＝仕入れ原価）の保証

5.1　1997年〜2001年

- ○　（DE1000からの著者による聞き取り）N月分をN-1月15日に出す（→Jを見よ）。
  - ・それに対する精度は80%〜90%程度
  - ・N-1月/15日に1回目：N月1日〜末日の計画と1週目の手配（確定発注と納入指示）と2〜4週目までの予定
  - ・N-1月20日過ぎに2回目：N月の2週目の手配、および3週目、4週目についての変更
  - ・N-1月末に3回目：N月の3週目の手配、および4週目についての変更
  - ・N月8〜10日に4回目：N月の最後の週（4週目）についての手配

5.1.2　Tier 1 DE1200

【★用紙記入★】
○従業員数 約50人

I. 仕入総額と売上総額
- ・1996年度の仕入総額： 450〜500百万円
- ・1996年度の売上総額： 約900百万円
  内国内売上総額： 約900百万円

II. 納入先・仕入先
A. 製品：
  - ○ 品目名： ウラブタ、モータ台（全自動洗濯機）
  - ○ 生産形式： 受注生産
B. 取引
  - ○ 1996年度売上額： 900百万円
  - ○ 主要納入先会社への売り上げ割合：水槽カバー（ウラブタ）はDE1000

だけへ納入
　　○ 納入先会社数：10～12社
　　○ 取引の形態：納入先がメーカの場合：a. 製品も取引とその決済もそのメーカと行う。
C. 最終製品：（全自動洗濯機）
　　主要仕入部材名：（無記入）
　　○ 1996年度仕入額：（無記入）
　　○ 主要仕入先会社からの仕入割合：（無記入）
　　○ 仕入先会社数：3～5社
E. 内示・発注から仕入まで最長時間の部材名：SUS430 ステンレス材
　　（"もの"は、銑鋼一貫メーカからスチールセンタを経て、取引はDE1000を通して）
　　○ 所要期間：7日間
F. 内示・発注から仕入まで最短時間の部材名：鋼板
　　○ 所要期間：2日間
G. 流通在庫：計算法：b. 在庫数量／1日の出荷数量
　　・1991年度：10～20日
　　・1996年度：1～2日
H. 仕掛在庫：計算法：b. 仕掛数量／1日の完成数量
　　・1991年度：20～30日
　　・1996年度：2～3日
I. 納期回答：
　　・1991年度：3～7日
　　・1996年度：0.5～1日
J. 生産計画に用いる納入先からの情報：
　　・1991年度：確定受注
　　・1996年度：内示、確定受注
　　○ 内示・受注の様子：
　　　　・1991年度：N月に生産するものは、N-2月中旬に発注を受ける

- 1996 年度： N 月に生産するものは、N-2 月中旬に 1 ヵ月計画の情報を受け（1 ヵ月内示）、2 週間前に発注・納入指示（午前と午後の 2 回納入）に指示がくる。DE1000 では午前と午後の 2 回ラインを切り替える、すなわち 1 日 2 回サイクルで生産しているので、これに同期するために、DE1200 は 1 日 2 回の納入を行っている。
  - ○ 在庫情報の場合：（無記入）
K. 生産計画策定：
  - 1991 年度： 7 日前
  - 1996 年度： 2 日前
  - ○ 策定に要する時間
    - 1991 年度： 1 日
    - 1996 年度： 1 日
  - ○ 生産計画対象期間：
    - 1991 年度： 旬
    - 1996 年度： 週
  - ○ 生産計画の精度：
    - 1991 年度： DE1000 は 90％以上（全体では 60％）
    - 1996 年度： DE1000 は 90％以上（全体では 90％）
L. 仕入先への情報：
  - 1994 年度： 確定発注
  - 1998 年度： 内示・確定発注
  - ○ 内示・発注の様子：（1991 年度、1996 年度同じ）9 月に仕入れをするものは、3 週間前に発注する。
M. 仕入先からの納入回数：
  - 1991 年度： 14 日に 1 回
  - 1996 年度： 3 日に 1 回 （ただし、1 部品について週 1 回の納入）
◇ 生産開始（J～O 欄の前後関係の基準点）
O. 最初の製品の完成：

- 1991 年度：3 日後
- 1996 年度：1 日後

Q. 納入先納入回数：
- 1991 年度：1 日に 1 回
- 1996 年度：1 日に 6 回

III. "もの"と情報の時間的流れ

1. 川下メーカ：
   (1) 川下メーカの有無：有る
   (2) 最終製品となる時期：0.5 日後（実値）
       最終製品までのメーカ数：（無記入）
2. 川上メーカ：
   (1) 川上メーカの有無：有る
   (2) 最上メーカでの部材：（無記入）
       - 最上メーカでの生産は何週間前：（無記入）
       - 最上メーカまでの企業段階：（無記入）
   (3) 内示・発注情報を利用する最上メーカまでの企業数：（無記入）

【★ノート★】

○ 原材料
- ステンレス
- 鉄：ロール 80％、スリットもの 20％
- 上記 2 つとも支給品（DE1000 から有償支給されるもの）
- DE1000 から銑鋼一貫メーカへは（取引量の）大きな約束が（4 ヵ月先）なされる。個々の必要量は、DE1200 から DE1000 に連絡し、DE1000 から銑鋼一貫メーカへ大きな約束として発注、モノは、銑鋼一貫メーカから（あるいは、スチールセンタから）DE1200 へ直接
- ゴム：DE1200 の判断で「キーパー」へ発注
- ベアリング：DE1000 からの支給品。これは DE1000 から DE1200 に

納入されて、0.5〜1日で生産に用いられる。DE1000が受け入れ検査をしている。

第6章

情報家電産業におけるサプライア

本章では、情報家電産業であるパソコン、ノートパソコンのメーカへのTier1サプライアとして、半導体メーカPC1100とNP1300、半導体メーカNP1300へシリコンウエハを供給するシリコンウエハメーカNP1310、ハードディスクメーカNP1100、ディスプレイ用液晶メーカNP1200、ハイブリッドIC等メーカNP1400、NP1200へ供給するTier2サプライアである液晶用ガラスメーカNP1220、ABS樹脂メーカCH9100、および架橋剤メーカCH9200を取り上げる。なお、PC1100はパソコンのアセンブリーメーカであるPC1000の半導体製造部門であり、NP1300は、ノートパソコンアセンブリーメーカNP1000の半導体製造部門である。

6.1 1990年代前半

6.1.1 Tier 1 PC1100

1993～1994年において、PC1100は情報のTurn around time(TAT。別のデスクトップアセンブリメーカも'仕込みのTurn around time'なる流通からの需要に応じた製品の流通への手配システム概念を持っている)の短縮を重要な目標にしていた。 流通過程の変動が先ずある。その情報がパソコ

6.1 1990年代前半

ン・アセンブリメーカ PC1000 に入ってくる。パソコン・アセンブリメーカは半導体メーカ（日本においては、パソコンのアセンブリメーカとそこへ半導体・集積回路を供給する事業部は同一のメーカである場合が多いことはよく知られている。）へ ─ 第1章で述べている N-2 週に ─ 確定発注をするのであるが、半導体の生産期間は生産準備も含めると約2ヵ月であるので、N週に納入できるかどうかを確かめる必要があり、サプライアである PC1100 は納期について答えなければならない。その答えるまでの時間的長さを情報 TAT と PC1100 は定義しているのである。半導体の流通と生産の関係においては次のようになる。なお、PC1000 以外のパソコン・アセンブリメーカと半導体・集積回路メーカ PC1100 の間には販売特約店が立つ。まず、販売特約店がみずからの販売購入システムを通じて PC1100 に仮発注を行なう。これを受け取った PC1100 はその特約店へ以下に挙げる情報とともに仮受付したことを知らせる。それは商談情報と需要予測である。特約店はこの情報に基づいて発注を行なう。なお、販売特約店のうち11社からは1日1回この特約店における受注、出荷、在庫そして受注残情報をメーカの生産・販売統合データベースに受ける。この PC1100 における 受注コード件数は1993年現在において 約1万件／月であり、出荷指示件数は 約10万件／月であった。

　なお、国内の得意先としては上の集積回路メーカ内の他の事業部も含まれている。この社内の他の事業部へと通常の商取引の意味での顧客への出荷割合は回答されてはいない。しかしながら、通常の商取引の意味での顧客のうちの90%は特約店を通じてこの半導体・集積回路メーカ PC1100 と結ばれている。

　上の数字は次のことを示す。すなわち、1件の受注が平均して10回の出荷に分かれる。（銑鋼一貫メーカ ST1000 の製鉄所から各自動車メーカーへの出荷についても同じことが言える。ただしこの場合は、受注は本社が受けるのである。）この出荷が得意先への納入回数とどう違うのかは不明である。また工場（分身会社と協力メーカを含む。）から物流センタへの出荷と物流センタから得意先への出荷がともに出荷として二重に数えられているのかについては不明である。

半導体・集積回路メーカ PC1100 と乗用車メーカ AM2000 に相通ずる点

　半導体・集積回路メーカ PC1100 の情報システムセンタは全国に点在する工場と分身会社から 2 時間毎に生産の進捗具合を情報として受け取る。これをどのように使うか？

　乗用車メーカ AM2000 においては全世界に散在する工場の生産システムを同じ思想 ── 計画された通りに生産されるいわゆる割付生産 ── に基礎をおいたものとする。AM2000 は全世界の情報システムを統一している。部品の全世界共通化、ノックダウンと部品の全世界共通化を含めた全世界におけるロジスティックスのシステム化を目指して実現しつつある。その効果として、客からみれば発注から入手までに 1 ヵ月〜2 ヵ月かかっていたのが 7 日から 14 日（暦日）で済むようになった。また完成車在庫は 100 であったのが 50 弱に縮減した。

　PC1100 においても受注している"もの"の顧客と納期を生産の進捗状況と突き合わせることができる。ところで、PC1100 の各工場・分身会社の生産システムは統一されているのか否かについては著者は調査していないことを告白しなければならない。

6.2　1999 年〜2001 年

6.2.1　Tier 1 NP1300

　NP1300 の有する工場の内、著者が訪問調査した A 工場は、1992 年に設立された。ここでは MPU、ASIC、メモリ、ディスクリート、システム LSI などの試作から量産までを担当するとともに、海外への支援 HUB 工場の役割も果たしている。なお、国内の他の地域に 2 つの工場を有している。これらの製品のうちメモリについて以下で述べる。

　1 回目の訪問は 1999 年 9 月に行われた。全体としての受注・発注・生産・納入は次のように行われている。

(1) 9月生産分は6月末に納入先から内示を受ける。ただし、この内示は7～9月の3ヵ月分であり、毎月ローリングされる。
(2) 納入先からの確定受注は、納入の約2週間前に1週間分を受ける（例：9月1日に9月15日からの納入1週間分の確定受注を受ける）。
(3) 生産計画策定は生産の約15日前から125日前であり、策定に要する期間は3日間である。この幅は、6月末に受けた内示に対して7月分は約15日前だと思われる。9月分に対しては、約2ヵ月前60日となる。125日前はどのような場合であるかは不明である。
(4) 仕入れ先への情報提供としては、9月～10月生産分は6月末日に内示し、8月に順次預託倉庫に納入してもらう（VMI納入）。9月に使用した分の発注は9月末日に使用分をまとめて発伝する。
(5) 仕入先からの納入回数は、1日に1回である。
(6) メモリの生産に要する期間は、前工程約45日と後工程約13日の約2ヵ月である。
(7) 完成品としての流通在庫は約15日である。
(8) 納入先への納入回数も1日に1回である。

　これらのことを、9月～10月生産分についてだけに注目して、情報と"もの"の時間的な流れを図で表現するとつぎのようになる。ただし、9月～10月分の生産が10月15日の確定発注に対応した11月1日からの（1週間分の）納入に対応しているとの表現は、著者が生産に要する期間を考慮して当てはめたものである。また、生産計画策定を行うのは内示を受けてからできるだけ早い日から始めると想定した。

　9月～10月生産分についての納入先からの最初の内示1と仕入れ先への内示が両方とも6月末であること、NP1300での生産計画策定に3日要することを考慮すると、仕入れ先への内示は厳密には納入先からの内示を元にしたものではないNP1300の独自の判断での生産計画策定があるのかもしれない。このことが上記の生産計画策定が生産の125日前ということになるのかもしれない。

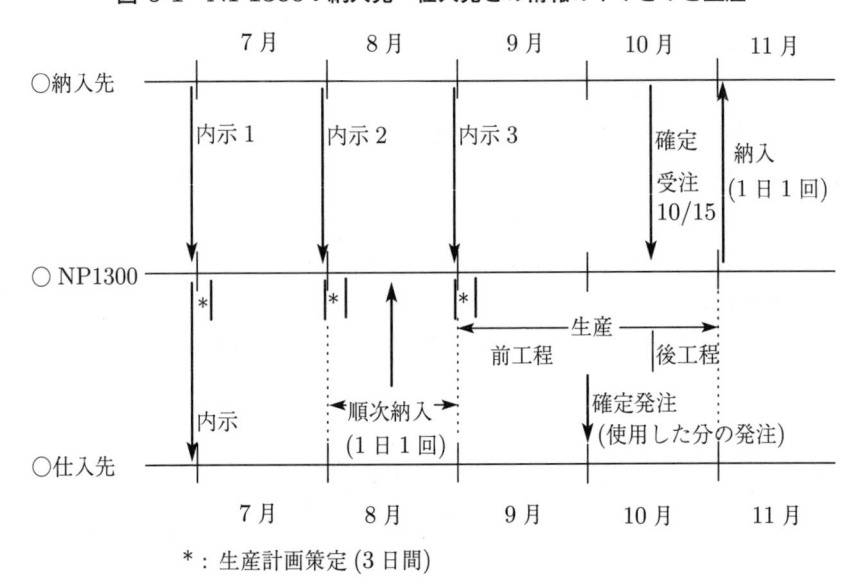

図 6-1　NP1300：納入先・仕入先との情報のやりとりと生産

```
           7月    8月    9月    10月   11月
○納入先 ────┼─────┼─────┼─────┼─────┼──
           ↓     ↓     ↓     ↓     ↑
          内示1  内示2  内示3  確定   納入
                              受注  (1日1回)
                              10/15

○NP1300 ────┼─────┼─────┼─────┼─────┼──
            *|    *|    *|  ←─生産─→
                           前工程 後工程
                              ↓
                           確定発注
           ←─内示─→ ←順次納入→ (使用した分の発注)
                   (1日1回)
○仕入先 ────┼─────┼─────┼─────┼─────┼──
           7月    8月    9月    10月   11月
```

＊：生産計画策定(3日間)

　なお、部材によってはこの時間的な流れに当てはまらないものもある。たとえば、主要な部材の1つである8"φウエハは、メモリ生産において発注あるいは内示から仕入れまでに約2ヵ月を要するものであり、NP1300にはTier2勘定で1ヵ月分の在庫を置き生産に必要になればそこから取り出 VMI 方式での管理をとっている。逆に仕入れまでの期間が最も短いものは、メモリ生産の最後にコーティング用として用いるポリイミド樹脂で約2週間である。

【★調査用紙回答:1999年★】

　1999年9月に訪問したときに、次のような将来展望を与えられた。
1. 最先端開発を1企業が率先して行うのはそろそろ限界に達してきている。
2. 6"φウエハまでは、製造装置をメモリ、MPU、ASIC、システムLSIそしてディスクリートに共用できていた。ところが、メモリでは8"φウエハが主流になっている。

I. 仕入総額と売上総額
(1) 1996 年度仕入総額： （無記入）
(2) 1996 年度売上総額： （無記入）

II. 納入先・仕入先
A. 品目名と生産形式
 ・品目名：LSI、メモリ
 ・生産形式： 見込み生産
B. 売上額：250,000 〜 270,000 百万円
 ・主要納入先会社への売上割合： 上位 10 社で約 35％
 ・納入先会社数： 約 760 社
 ・納入先との取引形態（納入先メーカ）：
  ・a. 製品も取引とその決済もそのメーカと行う。
  ・c. 製品はメーカへ、取引とその決済は専門商社と
C. 最終製品： パソコン
D. 主要仕入部材名： 8"φ ウエハ
 ・1996 年度仕入額： 12,000〜14,000 百万円
 ・仕入先会社数（名）： 約 7 社（主要納入先からの割合： 30％）
E. 仕入までの最長部材：
 ・ウエハ： VMI 方式（1 ヵ月分置いている）
 ・所要時間： 約 2 ヵ月
F. 仕入までの最短部材：
 ・ポリイミド樹脂（最後でコーティングに使う）
 ・所要時間： 約 2 週間
G. 流通在庫： 計算法：a. 在庫額/1 日の消費額
 ・1991 年度： （無記入）
 ・1996 年度： 約 17 日（1999 年度もほぼ同じ）
H. 仕掛在庫： 計算法：b. 仕掛/1 日の完成金額
 ・1991 年度： （無記入）

- 1996年度: 約40日（これは前工程の生産期間にあたる）
I. 納期回答の所要日数
    - 1991年度: （無記入）
    - 1996年度: 3～7日（1999年度はもっと短い）
J. 生産計画に用いる納入先からの情報
    - 1991年度: （無記入）
    - 1996年度: 内示、確定受注
    - 内示: 9月生産分は、6/E（6月エンド）に7～9月分を受け、毎月ローリングされる。
    - 確定: 9/1に9/15からの納入1週間分の受注
K. 生産計画策定
    - 1991年度: （無記入）
    - 1996年度: 15～125日前
    - 策定に要する時間
        - 1991年度: （無記入）
        - 1996年度: 3日
    - 計画の対象期間
        - 1991年度: （無記入）
        - 1996年度: 月
    - 生産計画の精度
        - 1991年度: （無記入）
        - 1996年度: 99%
L. 仕入先への情報
    - 1991年度: （無記入）
    - 1996年度: 内示・確定発注
    - 10月生産分は7月末日に内示、9月に順次預託倉庫に納入。発注は10月末日に、使用分をまとめて発注する。
M. 仕入先からの納入回数
    - 1991年度: （無記入）

- 1996 年度：1 日に 1 回
N. 生産開始（基準点：ここを第 0 日とする）
◇ 生産開始（J〜O 欄の前後関係の基準点）
O. 最初の製品の完成
  - 1991 年度： （無記入）
  - 1996 年度：約 13 日後（後工程分）
P. 納入先への納入回数
  - 1991 年度： （無記入）
  - 1996 年度：1 日に 1 回

III. "もの"と情報の時間的流れ

1. 川下メーカについて
   (1) 川下メーカ： 有る
   (2) 主要製品が
       最終メーカで製品になるまでの時間：1 週間後(推定値)
                           (モジュールで納入して 1 週間)
       最終メーカまでの企業段数：　　　1 段階
2. 川上メーカ
   (1) 川上メーカ 有る
   (2) 主要製品品目の部材名： ウエハ
       - もっとも遠い川上メーカで何時製造されたものか：8 週間前
       - そこまでの企業段階：1 段階
   (3) 貴社の次あるいは、発注に基づいて部材の生産を開始する川上メーカまでの企業段数：1 段階

【★訪問調査ノート:1999 年★】
○ NP1240：A 工場の後工程処理：クリーンルームを上がった製品がここへ行く。
○ A 工場の設置理由

- ・周辺テクノロジ
- ・全社的に見た地区の人事
- ・交通アクセス
- ・他にも同地区に工場を新設した例もある
○ 協力工場：70 社
○ 試作：本部技術部が主。しかしながら、A 工場内でもやっている。
○ 社員 直接：70％、間接：30％
○ 半導体の進展
    - ・0.3mm：
    - ・0.2mm：　　　1999 年：128M　　　2000 年：256M
○ 試作から量産までは、従来は 3 層であったが、現在は、2 層。
    - ・これによって、立ち上げ期間が短縮された。
    - ・0.2 μ（ミュー）多層プロセス。
    - ・4 直 3 交代 24 時間制。
    - ・5 月の連休以外は稼動している。
○ 外部から購入している材料費の材料費全体に占めるウエイト
    - ・ウエハ：1/4：直接 + 間接（直接ではウエハがほとんど）
    - ・ガス、薬品
    - ・部品
○ 素子数
    - ・128M DRAM: 26,000 万個の素子数
    - ・64M DRAM: 13,499 万個の素子数
○ 納入先（パソコンメーカ）には VMI 方式を採るメーカが増え、1 週間分を置いている。
    - ・NP1000 では VMI をコック方式と呼んでいる。
○ NP1300 がサプライアに対して要求している VMI は 1 ヵ月である。
    - ・調査票の E. 仕入までの最長部材：ウエハ：コック方式（1 ヵ月分置いている）がそれに当たる。1 ヵ月と長い理由として、「材料（主としてシリコンウエハ）は加工後の部品と違って、使わないままに

6.2 1999年～2001年

陳腐化することがないので、1ヵ月でもサプライアに迷惑をかけることはない」。ただし、仕入先から VMI 搬入を受けているものについては、3ヵ月経つと引き取る。

- VMI 主要仕入先：シリコンウエハメーカ、リードフレームメーカ
  半導体メーカにとって VMI が一番効いている材料・部品は後工程のフレームである。何故、後工程のフレームの VMI が有効であるか？
  メモリ IC の生産期間のうち後工程（リードフレームとチップを金の細線で接続し、樹脂・セラミックなどのパッケージで封入し、電気的と規制検査と外観構造検査を行う。）に掛かるのは 2 週間弱である。後工程はクリーンルーム作業ではない。途中でも仕様を、得意先、例えばノートパソコン・アセンブリメーカ、からの N-2 週に行われる VMI 搬入指示、あるいはその後の急な指示変更にも対応できる。

○ ウエハ購入先：国内 5 社
○ その他
  1. 最先端開発を 1 企業が率先して行うのはそろそろ限界に達して来ている。
  2. 装置は 6 インチまではメモリ、MPU、ASIC、システム LSI、ディスクリートに共用できていた。ウエハ 25 枚/ロット×6: 拡散工程：他の工程は 25 枚×6 もは要らない。ロジック IC のようなものはそれほど大量に作っても、需要が無い。

【★訪問調査ノート:2001 年★】 同じ工場を 2001 年 3 月に訪問した。
○ 2001 年現在ではウエハテストを含む前工程は 41 日で、ボンディング工程である後工程は 13 日である。
  - ただし、この前工程では"もの"は滞留せずに、ほとんど流れている。
  - この前工程は、全体の 7 割程度の期間である。
  - この前工程の短縮（1995 年 5 月の 45 日から 2001 年 3 月の 41 日）、

全体の平均工期が熟練によって下がっていることによる（クリティカル・パスの改善）。
○ 顧客からの急な発注変更に対応するために、ある工程のところから品番を変更することが出来るか？
  ・ 原則的には、図 6-2 の後工程への投入時、あるいは、後工程の途中で出来る。
  ・ ただし、クリーン・ルームの中で変更可能なものもある。
  ・ 汎用的なものが多いので、1社がダメになっても（引き取ってくれなくても）、他社に回せる。
○ 生産
  ・ 生産工程

図 6-2　NP1300 での生産工程

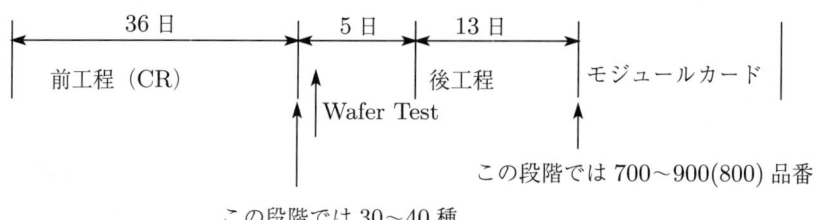

```
|<--- 36 日 --->|<- 5 日 ->|<- 13 日 ->|
   前工程 (CR)      ↑        後工程        モジュールカード
                Wafer Test
```

この段階では 30〜40 種　　　この段階では 700〜900(800) 品番

- CR=Clean Room
- 一般には 20〜25 回の PEP（露光：焼き付け）
- 1つの PEP 内では、理論工期（理論的に割り出した時間）の 1.5 倍程度かかっている。*1
- F 値 ＝ 実際の時間/理論工期 ＝ （現在）2〜3
- 現在は 8 インチウエハが主であるが、今後 12 インチウエハとなる（12 インチ用で 8 インチも扱える）。

---

*1 工期の数値には、理論工期と実際の工期があり、1999 年と 2001 年の数値が、それぞれどちらかは確認できていない。1999 年と 2001 年の数値を比較すると整合していない記述となっているのは、そのことに起因しているのかもしれない。なお、理論工期と実際の工期の差は、1999 年で 2〜3 倍程度、2001 年で 1.5 倍程度である。

- メモリの汎用品の場合は、後工程で対応（ただし、大きな変更には前工程でも対応）
○ VMIと差別化（自社の特徴の出し方）
  - ウエハメーカは、汎用性のあるものを作っている。
  - ウエハ、フレーム、樹脂では差別化されることはない（日本が強い）
  - 生産のプロセスの中身がNP1300の勝負点・競争力
    - 前工程：コスト競争力のあるものを作れるか
    - Tape化：薄型の特殊パッケージ

6.2.1.1　Tier 2 NP1310

NP1310はNP1300へのみならず、我が国における大抵の半導体メーカへシリコンウエハを供給している。著者は1999年11月に訪問した。

【★用紙記入★】
○資本金：6,000～10,000百万円、従業員数：約1,400～1,800人、

I. 仕入総額と売上総額
(1) 1998年度仕入総額：16,000～20,000百万円
(2) 1998年度売上総額：45,000～50,000百万円
  ・うち国内売上総額 36,000～40,000百万円（国内70～90％ 外国10～30％）

II. 納入先・仕入先
A. 品目名：シリコンウエハ
  - 月平均受注ロットサイズ：1996年度（100枚）、1998年度（125枚）
  - 月平均受注規格数：1996年度（1,800アイテム）、1998年度（2,000アイテム）
    生産形式：受注生産（品番毎に）
      見込み生産（品番毎に。客の内示に基づいて:3ヵ月位）

B. 売上額： 45,000～50,000 百万円
　　・主要納入先会社への売上割合：（上位 20 社への売上で）70～90％
　　・納入先会社数： 180～220 社
　　・納入先との取引形態（納入先メーカ）：
　　　　a. 製品も取引とその決済もそのメーカと行う（70％）
　　　　b. 製品はメーカへ、取引とその決済は総合商社と（20％）
　　　　c. 製品はメーカへ、取引とその決済は専門商社と（10％）
　　　・外国の場合は、日本にある現地法人との直接取引。
　　　・納入先との取引形態（納入先流通業）：一般品ではなく、特注品のため、この場合はなし。
C. 最終製品：（無記入）
D. 主要仕入部材名： 多結晶シリコン
　　・1998 年度仕入額： 80,000～12,000 百万円
　　・主要仕入先からの割合： 55～75％ は国内から、残りは米国の多国籍企業の子会社と NP1310（10～15％の資本出資）による共同出資の米会社と長期契約（1 年間でいくら）。
　　・仕入先会社数： 2～5 社
E. 仕入までの最長部材：カーボン（結晶の引き上げに使う炉の中へ入れる）。
　　・供給メーカは 4 社。
　　・所要時間： 6 ヵ月
F. 仕入までの最短部材： 薬品（2 社）
　　・所要時間： 1 日
G. 購入材料在庫： 計算法：1 ヵ月の使用量を基準として
　　・1996 年度： 30～60 日
　　・1998 年度： 30～60 日（60 トンのシリコンウエハを作るには 120 トンのポリシリコンが必要である。）
H. 仕掛在庫： 計算法：（無記入）
　　・1996 年度： 15～20 日（単結晶ができてから）
　　　　　　　　　単結晶が出来るまで 10 日

- 1998 年度： 15～20 日（単結晶ができてから）
  単結晶ができるのに 7 日

I. 流通在庫：
   - 1996 年度： 20～30 日
   - 1998 年度： 20～30 日
   - ユーザヤードにおける預託在庫も含めて（デイリーは含まず）7 社
   - 3 ヵ月を上限：
   - 使った分の通知と注文書
   - 半年に 1 回棚卸し（ユーザヤードへ棚卸しに NP1310 が出向く）

J. 納期回答の所要日数（1996,1998 年度同じ）
   - 2 日（とりあえずは標準納期 45 日を回答。
   - NP1310 は自動車メーカである AM1000 の Tier 1 には預託在庫は実施していない。
   - AM1000 の Tiers は NP1310 に対しては、ある限られた％を上限としてタイムエスティメイト＊コストエスティメイトを許容している。

K. 生産計画に用いる納入先からの情報
   - 1996 年度： 内示
   - 1998 年度： 内示
   - 流れ：内示・受注 (1996,1998 年度同じ)
   - 納期 2 ヵ月前の内示（営業から 2 ヵ月分の内示：単結晶の今月分と来月分（… あまり先を入れると、製造現場が作りやすいものを、先のものでも作るので。）
   - 在庫情報：(1996,1998 年度同じ) 顧客の在庫は分からない。

L. 生産計画策定（1996,1998 年度同じ）
   - 11 月分を 11/5 日に作る。しかしながら、すでに 1 月の投入計画を作ってはいる。
   - 30 日前：品番毎に生・販・在のバランスをみて作る。
   - 策定に要する時間（1996,1998 年度同じ）： 3 日
   - 計画の対象期間（1996,1998 年度同じ）： 月

- 生産計画の精度（1996,1998 年度同じ）：95％
- 合計の生産量の精度をみている。

M. 仕入先への情報：
- 1991 年度、1996 年度とも：（無記入）
- 内示・発注・生産（1991,1996 年度同じ）：注文書による（ポリシリコンは 6 ヵ月の内示）
- 在庫情報の場合：(1996,1998 年度同じ) 都度

N. 仕入先からの納入回数（1996,1998 年度同じ）：都度

◇ 生産開始（K～P 欄の前後関係の基準点）

P. 最初の製品の完成
- 1996 年度：45 日後（内示のオーダが入ってから。製造スペックを作る時間を含める。）
- 1998 年度：（無記入）
  ◇ どの顧客が NP1310 のどこの工場を認定しているかが重要である。一旦認定されると、次のスペックのときには顧客の工場で試されることはない。

Q. 納入先への納入回数（1996,1998 年度同じ）：指示の都度

◎ NP1310 → AM1000 の Tier 1 → AM1000 の流れ とは別に、NP1310 → AM1000 の流れもある。AM1000 はコスト計算のために、自分のところでも作っている。

6.2.2 Tier 1 NP1100

　NP1100 の有する工場のうち著者が訪問調査した工場（A 工場）は、パソコン、通信カラオケ、コピー機、米国カーナビゲータなどに用いられるハードディスクドライブ（HDD）などを生産している。HDD の生産はここ（A 工場）以外に国内に 1 工場（B 工場）、海外に 1 工場（C 工場）あり、それぞれの 1 ヵ月の生産台数は A 工場 5 万台、B 工場 10 万台、C 工場 45 万台である。ただし、生産能力としては、3 工場合わせて 60 万台～70 万台が可能

6.2 1999年〜2001年

である。

A工場では試作も行っており、また生産管理システムにより、A、B、Cの3工場の現状を毎日オンラインで把握し、生産へフィードバックするなど、製品の開発、月毎の生産計画の策定と生産台数の3工場への配分、部品のアロケーション、コストの交渉、技術支援など、全般的なコントロールを行う中心的な工場である。なお、生産台数の配分のあとは、各工場で製造計画をたて、部材所要量計画システムにより手配をかける。

1991年度の全体としての受注・発注・生産・納入は次のように行われている。
(1) 9月生産分は5月10日に納入先から内示を受け、6月10日見直しが行われる。
(2) 納入先からの確定受注は、7月10日である。
(3) 最初の生産計画策定は生産の3ヵ月前である（2ヵ月前、1ヵ月前と、より精度を高めた計画がなされる…3ヵ月ローリング。）策定には5日を要する。対象期間は月単位である。精度は90%である。
(4) 仕入れ先への情報提供としては、9月に仕入・生産するものは、4ヵ月前から内示を始め、以後毎月ローリングして6月25日に確定発注する。
(5) 磁気ヘッドの仕入先からの納入回数は、5日に1回である。
(6) ハードディスクの生産に要する期間は、部品の入荷から15日後である。
(7) 完成品としての流通在庫は15日〜30日である。
(8) 納入先への納入回数は、当時の海外向けの数値であるが10日に1回である。

1996年度の全体としての受注・発注・生産・納入は次のように行われている。
(1) 9月生産分は5月10日に納入先から内示を受け、6月10日に見直し、7月10日にも見直しが行われる。
(2) 納入先からの確定受注は8月10日となっているが、現実には2週間前の確定受注である。

(3) 生産計画策定は生産の 6 ヵ月前から始めて 3 ヵ月前から固める（以後、2 ヵ月前、1 ヵ月前と、より精度を高めた計画にしていく。）策定には 4 日を要する。対象期間は月単位であるが、最後の 1 ヵ月はデイリーに分解する（＝製造計画）。2 ヵ月前での計画の精度は 1991 年度の約 90% が 2 ヵ月前のものだとするとそれよりも低くなっている。ただし、1 ヵ月前の計画は 100% に近い精度となっている。
(4) 仕入れ先への情報提供としては、9 月に仕入・生産するものは、6 ヵ月前から内示（ヘッドと半導体）を始め、以後毎月 25 日に見直して、7 月 25 日に確定発注する。
(5) 磁気ヘッドの仕入先からの納入回数は、3 日に 1 回である。なお、調査時点である 1999 年度においては 1 ヵ月を日に分けてローリングしながらの指示納入である。
(6) ハードディスクの生産に要する期間は、部品の入荷後から 10 日強である。なお、調査時点の 1999 年度では、部品の入荷後 10 日弱となっている（生産期間は約 5 日である）。
(7) 完成品としての流通在庫は 10 日〜25 日である。
(8) 納入先への納入回数は、5 日に 1 回である。1999 年度においては指示納入となっているので、この 5 日に 1 回が、1991 年度と比較できる当時の海外向けの数値であるかどうかは不明である。

なお、仕入までの期間が最も長期の部材は磁気ヘッドであり約 3.5 ヵ月を要する。逆に、最も短期の部材はチップ抵抗であり約 7 日である。磁気ヘッドは、国内の 2 社のメーカの海外工場の生産拠点からである。磁気ヘッドについては、N+1 月分は NP1100 に引き取り責任があるが、N+2、N+3、N+4 月分は内示であり、予定が違った場合の引き取りは相談する。

【★調査用紙回答:1999 年★】

I. 仕入総額と売上総額

(1) 1996 年度仕入総額： （無記入）

(2) 1996 年度売上総額： （無記入）

II. 納入先・仕入先
A. 品目名と生産形式
- 品目名： ハードディスク
- 生産形式： 受注生産（1ヵ月前に受注、生産開始の2週間前に受注）と見込み生産

B. 売上額：約 130,000 百万円
- 主要納入先会社への売上割合： 約 30%
- 納入先会社数： 約 25 社
- 納入先（メーカ）との取引形態： a. 製品も取引とその決済もそのメーカと行う。

C. 最終製品： パソコン、通信カラオケ、コピー機、米国カーナビゲータ

D. 主要仕入部材名： 磁気ヘッド
- 1996 年度仕入額： 約 25,000 百万円
- 主要仕入先からの仕入れ割合： 約 80%
- 仕入先会社数（名）： 2〜3 社

E. 仕入までの最長部材： 磁気ヘッド
- 所要時間： 約 3.5 ヵ月

F. 仕入までの最短部材： チップ抵抗
- 所要時間： 約 7 日

G. 流通在庫： 計算法：（無記入）
- 1991 年度： 15〜30 日
- 1996 年度： 10〜25 日

H. 仕掛在庫： 計算法：（無記入）
- 1991 年度： 15〜30 日
- 1996 年度： 10〜25 日

I. 納期回答の所要日数
- 1991 年度： 12〜15 日

- 1996年度：7〜10日
J. 生産計画に用いる納入先からの情報
    - 内示、確定受注
    - 1991年度：9月に生産・納入するものは、5月10日に内示を受け、6月10日見直し、7月10日に確定受注を受ける。
    - 1996年度：9月に生産・納入するものは、5月10日に内示を受け、6月10日見直し、7月10日に見直し、8月10日確定受注を受けることになってはいるが、現実には2週間前に確定受注。
K. 生産計画策定
    - 1991年度：3ヵ月前
    - 1996年度：6ヵ月前から始めて3ヵ月前から固める
    - 策定に要する時間
        - 1991年度：5日
        - 1996年度：4日
    - 計画の対象期間
        - 1991年度：月 … 機種数が少なかった
        - 1996年度：月 … 最後の1ヵ月はデイリーに分解する（＝製造計画）
    - 生産計画の精度
        - 1991年度：約90％
        - 1996年度：90％弱（2ヵ月前内示）100％弱（1ヵ月前確定）。
L. 仕入先への情報
    - 内示・確定発注
    - 1991年度：9月に仕入・生産するものは、4ヵ月前から内示、以後毎月見直して、6月25日に確定発注
    - 1996年度：9月に仕入れ・生産するものは、6ヵ月前から内示（ヘッドと半導体 … 自社の他カンパニー、他社どちらも）、以後毎月25日に見直して、7月25日に確定発注。
M. 仕入先からの納入回数 磁気ヘッド

6.2 1999年〜2001年

- ・1991年度：5日に1回
- ・1996年度：3日に1回
- ・1999年度：指示納入（1ヵ月分を日に分けてローリングする）

◇ 生産開始（J〜O欄の前後関係の基準点）

O. 最初の製品の完成（部品入荷後）
- ・1991年度：約15日後
- ・1996年度：10日強後
- ・1999年度：10日弱後

P. 納入先への納入回数
- ・1991年度：10日に1回（当時の海外向けの数値）
- ・1996年度：5日に1回
- ・1999年度：指示納入

III. "もの"と情報の時間的流れ

1. 川下メーカについて
   (1) 川下メーカ：有る
   (1) 主要製品が、
       最終メーカで製品になるまでの時間：2週間後（推定値）
       最終メーカまでの企業段数：1段階（実値）（ただし、国内の場合）
2. 川上メーカ
   (1) 川上メーカ：有る
   (2) 主要製品品目の部材名：磁気ヘッド
       - ・最も遠い川上メーカで何時製造されたものか：3週間前（推定値）
       - ・そこまでの企業段階：2段階（推定値）
   (3) 貴社からの内示あるいは、発注に基づいて部材の生産を開始する川上メーカまでの企業段数：4段階（実値）

【★訪問調査ノート:1999年★】

○ 各工場の生産台数

- A 工場 : 5 万台/月 + 試作
- B 工場 : 10 万台/月
- フィリピン工場 : 45 万台/月
- 3 工場合わせて : 60〜70 万台/月 可能

○ 各社のシェア（2.5 インチ HDD の場合）
    1 位の会社　　　43%
    2 位の会社　　27〜28%
    3 位の会社　　　15%
    4 位の会社　　　13%

○ HDD
- 容量の推移 : ・1999 年 6G, 12G, 18G → 2000 年 9G,18G
- ヘッド種類 : 1996 年まで TF ヘッド、1998 年まで MR、2000 年まで GMR。2000 年から Adv-GMR。
- 浮上量 30 nm（ナノメートル）
- 技術革新
    - ESD : 静電気対策（Electro Static Discharge）
    - 清浄度 : class $100/0.3\,\mu$
    - アウトガス

○ 関連システム
- 開発支援システム
- 生産前準備システム
- 新生産システム
- 新販売システム

○ HDD ドライブができるまで
(1) FPC（HSA の回路）→ HSA (Head Stuck Assembly) :1 日 → HDA (Head Disk Assembly) :1 日
    歩留まりが 100%ではないので、この工程では余分に作る。
(2) HDA に PCB（プリント基盤）をつけて HDD（3 日）ができあがる。

○ TCP（Intel の CPU の実装形態）: 研究所で実装技術を開発したので、他

社より3ヵ月から6ヵ月先行できた。
○ 部材の調達
- ヘッド：国内の会社 から資材調達
- サスペンション（アーム）米国メーカ製：ただし、金型はNP1100が供給し、生産とモータ製造の国外会社への納入もNP1100が指示。材料の変更については、変更報告を義務づけている。4M変動(Man, Machine, Material, Method)についても、変更報告を義務づけている。これは製品の品質が変わるからである。
- モータ： 国外会社製：ただし、基台（アルミダイカスト）の金型はNP1100が供給。

○ QCDSで供給メーカを決定 (Q: Quality、C:Cost、D:Delivery、S:Service)

6.2.3 Tier 1 NP1200

NP1200の有する工場のうち著者の訪問調査した工場（A工場）は、パソコン、液晶モニタ、カーナビなどに用いられる液晶などを生産している。A工場では365mm × 460mmの大きさのガラスを切って何枚かを作り、国内にあるもう1つのB工場では550mm × 650mmの大きさのガラスを切って何枚かを作る。

1991年度の全体としての受注・発注・生産・納入は次のように行われている。
(1) 9月に生産するものは、7月15日に内示を受ける。
(2) 8月15日に確定発注を受ける。
(3) 最初の生産計画策定は生産の2ヵ月前であり、策定には3日を要する。対象期間は月単位と日単位である。生産計画の精度は95%である。
(4) 仕入れ先への情報提供としては、9月に仕入・生産するものは、6月25日に内示を出し、7月25日に発注をする。
(5) 仕入先からの納入回数は、1日に1回である。

(6) 生産期間 90 日である。なお、仕掛在庫は 24～27 日である。
(7) 完成品としての流通在庫は 12 日～15 日である。
(8) 納入先への納入回数は、1 日に 1 回である。

　　上記の (1)、(2)、(3)、(4) をまとめると、7 月 15 日の内示に基づいて 3 日間かけて生産計画を策定し、9 月 1 ヵ月の生産に間に合うように、7 月 25 日にサプライアに発注していることになる。なお、この 7 月 25 日発注の分については NP1200 に引き取り責任がある。

1996 年度および 1999 年度の全体としての受注・発注・生産・納入は次のように行われている。
(1) 9 月に生産するものは、7 月 15 日に内示を受ける。これは 1991 年度と変わっていないし、1999 年度も同じである。
(2) 8 月 15 日に確定受注を受ける。これは 1991 年度と変わっていないし、1999 年度も同じである。
(3) 生産計画策定は生産の 1 ヵ月前であり、策定には 3 日を要する（この日数は 1991 年度と同じ値である）。対象期間は 1991 年度と同じ月単位と日単位である。生産計画の精度は 95％であり、これも 1991 年度と同じである。ただし、1991 年度の精度は、1 ヵ月前の生産計画についてであろうと思われる。
(4) 仕入れ先への情報提供としては、9 月に仕入・生産するものは、6 月 25 日に内示を出し、7 月 25 日に発注をする。この点も 1991 年度と同じである。
(5) 仕入先からの納入回数は、1 日に 1 回である。この点も、1991 年度と同じである。
(6) 生産期間は 75 日であり、1991 年度よりも 15 日短縮している。仕掛在庫は 12～15 日分であり 1991 年度の 24～27 日よりも 12 日短縮しており、これは生産期間の短縮 15 日に大きく関係していると考えられる。1999 年度の仕掛在庫は 9～12 日とさらに 3 日程短縮されているが、生

産期間は 1996 年度と同じく 75 日であり、仕掛在庫の短縮が生産期間の短縮に結びついていないようである。
(7) 完成品としての流通在庫は 9 日～12 日であり、1991 年度よりも約 3 日短縮している。1999 年度も同じく 9 日～12 日である。
(8) 納入先への納入回数は、1 日に 1 回であり、1991 年度と同じである。

上記の (1)、(2)、(3)、(4) をまとめると、8 月 15 日の確定受注に基づいて生産計画を立てる。しかしながら、サプライアへの発注はその 20 日前に終わっていることになる。これについては NP1200 に引き取り責任がある。そして、1999 年については、VMI によって引き取り責任が勘定科目上ではっきりしている。NP1200 が、受注よりも、20 日早く発注している。

なお、仕入までの期間が最も長期の部材は TAB-IC (ユニーク部品) であり、向こう 3 ヵ月を見込みで発注する (この見込み精度は高い)。液晶についてはパソコンメーカからも向こう 3 ヵ月の見込みがきている。一方、短期の部材はベゼルであり、所要日数は 15 日である。

【★調査用紙回答:1999 年★】
I. 仕入総額と売上総額
(1) 1996 年度仕入総額： （無記入）
(1) 1996 年度売上総額： （無記入）

II. 納入先・仕入先
A. 品目名と生産形式
- 品目名： LCD（液晶表示モジュール）
- 生産形式： 見込み生産

B. 売上額：約 80,000 百万円
- 主要納入先会社への売上割合： （社内の他カンパニー）約 40%
- 納入先会社数： 約 50 社
- 納入先との取引形態（納入先メーカ）：

a. 製品も取引とその決済もそのメーカと行う。
　　　c. 製品はメーカへ、取引とその決済は専門商社と
C. 最終製品：パソコン、液晶モニタ、カーナビ
D. 主要仕入部材名：セル
  ・ 1996 年度仕入額：約 40,000 百万円
  ・ 仕入先会社数（名）：NP1230
  ・ 主要仕入先からの割合：100%
E. 仕入までの最長部材：TAB-IC（ユニーク部品）
  ・ オーダは、3 ヵ月前に見込み（精度は高い）で発注。パソコンメーカから向こう 3 ヵ月の見込みが来て、ローリングされる。
  ・ 所要時間：75 日（確定発注で、NP1200 に引取責任あり）
    チップの作りつけ：5 週間
    テープの作りつけ：4 週間
F. 仕入までの最短部材：ベゼル
  ・ 所要時間：15 日
G. 流通在庫：計算法：a. 在庫額/1 日の消費額
  ・ 1991 年度：12〜15 日
  ・ 1996 年度：9〜12 日
  ・ 1999 年度：9〜12 日
H. 仕掛在庫：計算法：a. 在庫額/1 日の消費額
  ・ 1991 年度：24〜27 日
  ・ 1996 年度：12〜15 日
  ・ 1999 年度：9〜12 日
    同調精度の向上が課題（99 年度には仕掛在庫が 9〜12 日と縮減したことによって同調の精度が上がった。）
I. 納期回答の所要日数
  ・ 1991 年度：10〜15 日
  ・ 1996 年度：10〜15 日
J. 生産計画に用いる納入先からの情報（1991、1996、1999 年度同じ）

6.2 1999年～2001年

- 内示、確定受注
- 9月に生産するものは、7月15日に内示を受けて、8月15日に確定受注。

K. 生産計画策定
- 1991年度：60日前＊（下記注）
- 1996年度：30日前＊＊（下記注）
- 策定に要する時間
  - 1991年度：3日
  - 1996年度：3日
- 計画の対象期間
  - 1991年度：月と日
  - 1996年度：月と日
- 生産計画の精度（1991、1996年度同じ）：95％

L. 仕入先への情報（1991、1996年度同じ）
- 内示・確定発注
- 9月に仕入・生産するものは、6月25日に内示を出し、7月25日に発注をする。

M. 仕入先からの納入回数
- 1991年度：1日に1回
- 1996年度：1日に1回

◇ 生産開始（J～O欄の前後関係の基準点）

O. 最初の製品の完成
- 1991年度：90日後
- 1996年度：75日後
- 1999年度：75日後

P. 納入先への納入回数
- 1991年度：1日に1回
- 1996年度：1日に1回

＊ 1991年には、7月15日の内示に基づいて3日間かけて生産計画を策定

し、7月25日にサプライアに発注する（9月の、例えば、11日からの1ヵ月の生産に間に合うように）。NP1200に引き取り責任あり。

** 1996年には、8月15日の確定受注に基づいて、生産計画を立てる。しかしながら、サプライアへの発注はその20日前に終わっている。これについてはNP1200に引き取り責任あり。そして、1999年については、VMIによって引き取り責任が勘定科目上ではっきりしている。すなわちNP1200が、受注よりも、20日早く発注している。液晶表示装置製造では、ARRAY, CELL, MODULEのうち、ARRAYとCELLをNP1200の上流に位置するNP1210が受け持っている。

○ LAM(Large Active Matrix)
○ オーダの精度の高い順
　　No1： パチンコ（引き取ってくれる）。
　　No2： カーナビ（引き取ってくれる）。
　　No3： パソコン（海外が悪い）。
○ 仕掛在庫：モジュール工程4日、生の材料4〜5日

III. "もの"と情報の時間的流れ

1. 川下メーカについて
    (1) 川下メーカ： 有る
    (2) 主要製品が、最終メーカで製品になるまでの時間： 1週間後（実値）
        最終メーカまでの企業段数： 1〜2段階（実値）
2. 川上メーカ
    (1) 川上メーカ： 有る
    (2) 主要製品品目の部材名： PCB
        ・もっとも遠い川上メーカで何時製造されたものか： 12週間前（実値）
        ・そこまでの企業段階： 2段階（実値）
    (3) 貴社の内示あるいは発注に基づいて部材の生産を開始する川上メーカは何段階までの企業か： 2段階（実値）

【★訪問調査ノート:1999年★】

○ NP1210
- 1989 年 11 月に、NP1000 と米国メーカと折半出資で設立された。国内に二つの工場がある。ともに 24 時間稼働である。なお、NP1210 は 2001 年に分割され、米国メーカの 100%出資会社と NP1000 の 100%出資会社に分かれた。著者が 1999 年に訪問した会社は NP1000 の 100%出資会社となった方である。生産形態等に変更はない。1999 年 9 月現在の状況を下に示す。
- 基板サイズ（単位 mm）
    1 期：　　300 × 400　　A 工場 1991/10(量産開始)～1998/11(終息)
    2 期：　　360 × 465　　A 工場 1994/5
    3 期：　　550 × 650　　B 工場 1996/4
    3.5 期：　600 × 720
    4 期：　　（来年、再来年）
- 1999/5 月現在
- 人員 約 1300 名（平均年齢： 30 歳）
- 生産量 1999 年 約 460 万枚
- 初めは製造のみであったが、1998 年より 研究・開発も開始（製造に近いところで行うのがよい）。

○ ARRAY 工程は半導体製造工程に似ている。CELL 工程は液晶特有の工程である。

○ カラーフィルタの各色は、270～330 ミクロン

○ 設備投資が大きい
- 売り上げ原価に占める材料費の割合：立ち上げ当初は材料費は 4～5 割（この頃は、設備の償却費が大きいので）、定常的になって 5～6 割。

○ 液晶パネルの製造工程：トランジスタの形成
  (1) Gate Electrodes Layer
  (2) Etching Stopper Layer
  (3) a-Si Island Layer

(4) Ito Pixel Electrodes Layer（Ito：インジューム、ティン（錫）、オキサイド）
(5) Source-Drain Electrodes Layer
(6) Deposition (Cleaning → Deposition)
(7) Photolithography (Resist Coat → Expose → Development)
(8) Etching Process (Etching → Resist Strip)

○ 材料費に占める割合の大きい順
　No1： カラーフィルタ：国内3社（VMI：仕様に合わせて納入してもらうので、VMI は実施しにくい。）
　No2： ガラス：VMI：実施している（理由：汎用性がある。サプライアの在庫負担が少ない。）
　No3： 偏光板：国内3社、国外2社、国内外合弁会社1社
　　　　材料費に占める割合が小さい

○ 品番（種）数 月30～40品種（1日に4～5品種）
　・サイズ：4.5、6、10.4、12、13、14、15、18
　・特性：2種類

○ 新製品
　・6ヵ月前から準備（いつごろからどれくらいの数）
　・3ヵ月前から需要予測

○ 定常的
　・3ヵ月先行需要
　・月2回生産計画：設備・部材
　・月初：1ヵ月についてのデイリーの計画、
　・月中にも変更のときがある。月のはじめの生産計画にしたがって最初に ARRAY 工程を動かす。これが月央に CELL 工程を終えるころまでに生産計画を作り直しておいて、後半の生産に入る。
　・当月、次月、次次月（3ヵ月先）分を決める。

○ 工程
　・ARRAY 工程：10日（24時間）

- CELL 工程：4～5 日
- 週間単位の生産計画という言い方はしない。1ヵ月についてデイリーの投入計画となる。
○ 半導体以外に、LCD と HDD がノートパソコンの二大核部品である。

6.2.3.1　Tier 2 NP1220

　NP1220 は、アクティブ型液晶ディスプレイ（TFT LCD）用のガラスを製造している会社・工場である。NP1220 は、NP1200 へガラスを供給している。したがって、NP1000 から見れば、Tier 2 である。NP1220 は NP1200 から紹介を受けたものではなく、1997 年度に行った郵送質問紙法による調査への回答会社である。

　1996 年度の全体としての受注・発注・生産・納入は次のように行われている。

(1) 納入先からの内示情報はない。
(2) 納入先からの情報は、確定受注のみである。
(3) 生産計画策定は生産（開始）の 10 日前であり、策定には 2～3 日を要する。対象期間は週単位である。
(4) 仕入れ先へは年間稼働計画や変更情報を内示として出している。確定発注は生産開始の 1ヵ月前である。在庫情報も 1ヵ月前に出している。
(5) 仕入先からの納入回数は、2 日に 1 回である。
(6) 生産に要する期間は、原料調合から加工して出荷するまでは 7 日を要するが、加工の前で仕掛在庫として置き、1 日で加工をしている。仕掛在庫の期間は、在庫数量／1 日の完成数量での計算で 0.5 日～1 日である。
(7) 完成品としての流通在庫は 10 日弱である。
(8) 納入先への納入回数は、1 日 1 回、週 4～7 回、月 1～17 回 等さまざまである。

【★調査用紙回答:1999 年★】

○ 資本金：3,000 百万円
○ 従業員数(1999 年 1 月現在)：235(139:社員+96:派遣社員) 人

I. 仕入総額と売上総額
(1) 1996 年度仕入総額： 400 百万円（主原料についてのみ）
(2) 1996 年度売上総額： 4,500 百万円
 ・ うち国内売上総額： 4,498 百万円（海外は 2 百万円）

II. 納入先・仕入先
A. 品目名と生産方式
 ・ 品目名： 液晶ディスプレイ用ガラス
 ・ 生産形式： 受注生産
B. 売上額： 4,500 百万円
 ・ 主要納入先会社への売上割合： 約 35%
 ・ 納入先会社数： 約 20 社
 ・ 納入先との取引形態（納入先メーカ）：a. 製品も取引とその決済もそのメーカと行う。
C. 最終製品： 液晶ディスプレイ（例：ノートパソコン、AV 機器）
D. 主要仕入部材名： ガラス原料
 ・ 1996 年度仕入額： 400 百万円
 ・ 主要仕入先からの割合： 100%
 ・ 仕入先会社数： 1 社
E. 仕入までの最長部材： ガラス原料
 ・ 所要時間： 1 ヵ月
F. 仕入までの最短部材： 酸素 0.3 日 (8 時間)
G. 流通在庫： 計算法：b. 在庫数量/1 日の出荷数量
 ・ 1991 年度： （会社設立 5 月から炉建設）
 ・ 1996 年度： 10 日弱
H. 仕掛在庫： 計算法：b. 在庫数量／1 日の完成数量

- 1991 年度： （無記入）
- 1996 年度： 0.6～1 日（製品加工前仕掛）

I. 納期回答の所要日数
- 1991 年度： （無記入）
- 1996 年度： 1 日～2 日

J. 生産計画に用いる納入先からの情報
- 1991 年度： （無記入）
- 1996 年度： 確定受注
- 内示・受注・生産： （無記入）

K. 生産計画策定
- 1991 年度： （無記入）
- 1996 年度： 10 日前
- 策定に要する時間
  - 1991 年度： （無記入）
  - 1996 年度： 2～3 日
- 計画の対象期間
  - 1991 年度： （無記入）
  - 1996 年度： 週
- 生産計画の精度： （無記入）

L. 仕入先への情報
- 1991 年度、1996 年度とも内示・確定発注
  - 1991 年度： （無記入）
  - 1996 年度： 内示：年間稼働計画および変更情報
    確定発注：1 ヵ月前
- 在庫情報の場合；
  - 1991 年度： （無記入）
  - 1996 年度： 1 ヵ月前

M. 仕入先からの納入回数
- 1991 年度： （無記入）

- 1996年度：2日1回
◇ 生産開始（J～O欄の前後関係の基準点）
O. 最初の製品の完成
    - 1991年度：（無記入）
    - 1996年度：1日後（加工のみ：1日後、原料調合～加工出荷:7日後）
P. 納入先への納入回数
    - 1991年度：（無記入）
    - 1996年度：1日1回、週4～7回、月1～17回 等
    ○ AM1200の場合は1日1回と1日2回あり。他社へは1日1回
    ○ インジェクタ部品は1日1回

III. "もの"と情報の時間的流れ

1. 川下メーカについて
    (1) 川下メーカ：有り
    (2) 主要製品が、最終メーカで製品になるまでの時間：4週間後（推定値）
        最終メーカまでの企業段数：1～2段階（推定値）
2. 川上メーカ
    (1) 川上メーカ：ある
    (2) 主要製品品目の部材名：ガラス原料
        ・最も遠い川上メーカで何時製造されたものか：8週間前（推定値）
        ・そこまでの企業段階：3段階（実値）
    (3) 貴社の内示あるいは発注に基づいて部材の生産を開始する
        川上メーカは何段階までの企業か：1段階（推定値）

【★訪問調査ノート:1999年★】
○ 生産品目・生産能力
    ・ アクティブマトリックスLCD用ガラス基板（ノートパソコン、カーナビ 用）。
    ・ 生産能力（装置3台）

6.2 1999 年～2001 年

	有効幅	370 × 470 換算	600 × 720 換算
No1	650〜820mm	170Kps/月	70Kps/月
No2	650〜820mm	170Kps/月	70Kps/月
No3	650〜820mm	170Kps/月	70Kps/月

- 170 Kps は 17 万枚を意味する。
- 客先の要望の大きさで出荷。

○ 設備投資
- 平成 3 年：30 億円、平成 6 年：20 億円、平成 7 年：30 億円

○ 対自動車メーカと対液晶パネルメーカとの違い
- 自動車：
  - 1 ロット 20 枚 50 組の 1000 枚出す。今月の 27 日に来月分を確定受注。この分については責任を負ってくれる。
  - AM1000 は順立て納入（使う部品を、使う順に並べて納入）。
- 液晶：
  - 20 枚が 1 ロット。ロット毎に NP1220 で検査表（履歴）をつけている。
  - 月に製品名で数えて 100 製品程生産。
  - 春から夏までは、クリスマスを見込んでいるので、台数は読める。
  - 各 TFT メーカは複数の CF（カラーフィルタ）メーカに、A' の寸法がきまれば CF メーカ D に発注し、ついで、A' ではなく F' の寸法がきまれば CF メーカ E に発注→ CF メーカは、見込みで NP1220 に発注。
  - 同じ TFT メーカ A 社からの発注でも、CF メーカ D、E 社からそれぞれ異なるサイズの発注がくる。

6.2.4　Tier 1 NP1400

NP1400 は、パソコン、携帯電話、自動車電装、ディジタルカメラ、テレビ、VTR など電気製品全般に用いられるハイブリッド IC、セラミック製品

（工程の長いもの）、フェライトおよび応用製品、CD-R などを生産している。生産形式は、受注生産、見込み生産であり、工程間では在庫補充生産もしている。

　NP1400 は生産工場だけでなく研究所も有しており、チップ部品、ノイズ対策部品、高周波部品、光記録メディア（CD-R、DVD-R）などの製品開発の実績があり、また、パルクフィーダなどの生産システムの開発でも実績がある。

　受注と生産については、できるだけ受注生産することにしており、またリードタイムが見合わないものについては見込み生産もしているし、長い工程の最初の部分は、在庫補充生産もしている。発注については、部品の調達、厚膜工程などは見込みでの発注もしている。

　カスタム仕様品については、通常 3 ヵ月～6 ヵ月の開発期間である。NP1000 からは 12 週前に内示を受ける。ただし、NP1000 は 1 週間分しか引き取ってくれない。また、NP1000 からは、使ったものを月末で締めて、支払いを受ける LSS (Line Side Stock) 方式での支払いである（本書では、VMI で統一している）。NP1400 は、仕入先に対する支払いについて、同方式を用意しつつある（開発しつつある）。

　NP1000 からは、9 月に生産・納入するものについては、8 月中旬に実発注を受け、その実発注を受けて生産投入する。この実発注分については NP1000 は引き取り責任がある。パソコンのライフサイクルが 3～4 ヵ月と短いので、量産に入る前の管理（pre-production 管理）が重要になっている。この pre-production 管理の時間を短くしたいと考えている。

　生産に関しては国際分業も視野に入れ、材料については、エレメントは日本で、最終仕上げは海外でとも考えている。

　全体としての受注・発注・生産・納入は次のように行われている。なお、項目により、その値の算出の年度が異なることに注意。

(1) （NP1000 以外に対する場合：）9 月に生産し、ユーザに納入する分は 6 月 2 日までに受けた確定受注（手配:これはカスタム品でも内示であり、ユーザに引き取り責任はない）を対象に 1 回目のコンピュータ処理をお

こなう。以降順次遅れてでてくる確定受注（手配）を受け付ける。これについては1994年度から1998年度まで同じである。

　NP1000からは、12週前に内示を受けて、実受注は8月中旬で、これについてはNP1000に引き取り責任がある。しかし、実際に引き取ってくれるのは1週間分である。実受注が8月中旬で、9月に生産し、ユーザに納入する。8月中旬から9月初めまでは2～3週間である。これはハイブリッドICのアセンブル投入（半田リフロー付け）から製品の完成まで7～21日に当たると考えてよいであろう。

　したがって、生産期間の長さを考慮に入れて、実発注がNP1000から与えられると考えてよいであろう。

(2) 確定発注としては8月中旬の実発注を位置づければ良いであろうと思われる。

(3) 生産計画策定はハイブリッドICの場合、生産の10～40日前（1996年度）であり、1～2日を要する（1998年度）。対象期間は月と週である（1997年度）。1998年度の生産計画の精度は約90%である。

(4) 仕入れ先への情報提供としては、ハイブリッドICの場合、9月に仕入・生産するものは、6月5日に第1回目の確定発注を行う機会があり、仕入れ所要期間に応じて順次確定発注を行う。

　6月5日発注ということは、6月2日の受注を受け、1～2日の生産計画後と考えてよいと思われる。なお、厚膜工程は見込みでスタートするために、外部部品の発注も見込みでスタートしている。

(5) 仕入先からの納入回数は、1日に1回である。

(6) 製品の完成は、1998年度においてはハイブリッドICのアセンブリ投入（＝半田リフロー付け：ここで注文を受ける）から7～21日後である。幅があるのは、仕上げ工程におけるリフローの回数に依存するからである。

(7) 完成品としての流通在庫はハイブリッドの場合1998年度では1～2日である。

(8) 納入先への納入回数は、1998年度では1日に1回である。

【★調査用紙回答:1998年★】
I. 仕入れ総額と売上総額（1996年度）
- 仕入れ総額：海外拠点から80億円、国内130億円の計210億円
- 売上げ総額：90,000百万円
- うち国内売上げ総額：53,000百万円

II. 納入先・仕入先
A. 品目名と生産形式
- 品目名：ハイブリッドIC、セラミック製品（工程の長いもの）、フェライトおよび応用製品、CD-R
- 生産形式：受注生産、見込み生産、在庫補充生産（工程間で）

B. 1996年度の売上げ：約90,000億円（うち主要納入先への売上げ割合：約65％）
- 納入先会社数：約1,700社
- 取引の形態
    - 納入先がメーカの場合：次の両方あり
        a. 製品も取引とその決済もそのメーカと行う。
        b. 製品をメーカへ、取引とその決済は専門商社と行う。
    - 納入先が流通業の場合：(該当せず)

C. 最終製品：パソコン、携帯電話、自動車電装、ディジタルカメラ、テレビ、VTRなど電気製品全般

D. 主要仕入部材名：ハイブリッドIC用半導体
- 1996年度仕入額：記載なし
- 主要仕入先会社からの仕入割合；ハイブリッドIC用電子部品の仕入先は約140社

E. 内示・発注から仕入まで最長時間の部材名
- 顧客の指定もある。また、NP1400仕様のもある。
- 所要期間3ヵ月　ユーザ仕様、NP1400仕様

F. 内示・発注から仕入まで最短時間の部材名：ハイブリッドIC用抵抗、

チップ抵抗体（汎用品）
- 所要期間：1 週間
G. 流通在庫：計算法：a.在庫額／1 日の費消額
- 1991 年度：記載なし
- 1998 年度：1～2 日（ハイブリッドの場合）
H. 仕掛在庫：計算法：a.在庫額／1 日の費消額
- 1991 年度：記載なし
- 1998 年度：3～4 日（工数と工程数が製品によって異なる）（工数が、人工数か機械工数のどちらであるかは不明である。）
I. 納期回答：記載なし
J. 生産計画に用いる納入先からの情報
- 1991 年度：記載なし
- 1998 年度：確定受注
  - 内示・受注の様子（1996 年度）
  - ハイブリッド IC の場合、9 月に生産・納入するものは 6 月 2 日までに受けた受注（手配:これはカスタム品でも内示であり、ユーザに引き取り責任はない）を対象に 1 回目のコンピュータ処理をおこなう。以降順次遅れてでてくる受注（手配）を受け付ける

○在庫情報の場合：（無記入）
K. 生産計画策定
- 1991 年度：（無記入）
- 1996 年度：10～40 日前（ただし、ハイブリッド IC の場合）
○ 策定に要する時間
  - 1991 年度：（無記入）
  - 1998 年度：1～2 日
○ 生産計画対象期間
  - 1991 年度：（無記入）
  - 1997 年度：月と週
○ 生産計画の精度

- 1991年度：（無記入）
- 1998年度：約90%（ただし、NP1000に対するものではない）

L. 仕入先への情報
- 1991年度：（無記入）
- 1998年度：確定発注

○内示・発注の様子（1994年度、1998年度同じ）
- ハイブリッドICの場合、9月に生産・納入するものは6月5日に第1回目の確定発注を行う（これはNP1000へ納入するものは除く。NP1000からのは下を見よ。）機会があり、仕入れ所要期間に応じて順次確定発注を行っていく。
- 厚膜工程は見込みでスタートし、外部部品の発注も見込みでスタートする。

M. 仕入先納入回数
- 1991年度：（無記入）
- 1998年度：1日1回（外注の場合は、1日に1回）

◇ 生産開始（J～O欄の前後関係の基準点）

O. 最初の製品の完成
- 1991年度：（無記入）
- 1998年度：ハイブリッドICのアセンブリ投入（＝半田リフロー付け…ここで注文を受ける）から7～21日後（この幅は仕上げ工程におけるリフローの回数に依存する）

Q. 納入先納入回数
- 1991年度：（無記入）
- 1998年度：1日に1回

III. "もの"と情報の時間的流れ

1. 川下メーカ
   (1) 川下メーカの有無：有る
   (2) 最終製品となる時期：（無記入。ただし、「NP1000については分かっ

ている」とのことである。）

　　　最終製品までのメーカ数：（無記入）
2. 川上メーカ
　　(1) 川上メーカの有無：有る
　　(2) 最上メーカでの部材：記載なし
　　　　最上メーカでの生産は何週間前：記載なし
　　　　最上メーカまでの企業段階：記載なし
　　(3) 内示・発注情報を利用する最上メーカまでの企業数：（無記入。ただし、「NP1000 については分かっている」とのことである。）
○ ハイブリッド IC 工程図：
厚膜印刷 ⟶ 抵抗トリミング ⟶ 厚膜検査（ここまでが厚膜工程で7日、ただし、塗布回数による）⟶ （ここから仕上げ工程に入る）半田リフロー付け ⟶ （ボンディング … ウエハで購入した場合にこの工程が必要となる）⟶ 組立 ⟶ 中間検査 ⟶ 仕上げ ⟶ 完成品検査（仕上げ工程はここまで）⟶ 出荷検査 ⟶ 包装・出荷

6.2.5　Tier 1 CH9100

　CH9100 は、自動車用内・外装部品、通信・OA 機器用部品、家庭用電化製品用他生活素材部品などに用いられる有機化学工業製品（ABS 樹脂）が主要製品である化学工業会社の工場である。CH9100 への訪問はどこからの紹介も貰わず行った。著者の 1997 年に行った郵送質問紙法による調査に回答してくれた会社である。

【★訪問調査ノート:1999 年★】
○ 資本金：1,000 百万円、従業員数：500 人
○ 全体的な観点から
　　・ 株式 51%:国内の会社と
　　　・ 49%:海外の著名な 2 社で 1963 年（昭和 38 年）設立。

- 外資法で 50％以上の外資での設立はできなかった。その後 1989 年に、海外のからの出資分については、うち 1 社がいま 1 社の出資分を引き取った。
- 主要原料をいかに安く調達するかが、コストダウンのポイント。
- 主要原料はどこから仕入れても、品質に差はない。
- （仕入れは）通常は工場に任せる。
- 外資の親会社は、世界的に見て、工場に如何に安く提供できるかという観点で、世界の主要原料の価格を知らせてくる。また、CIF（運賃保険料込み値段）競争力のある主要原料を知らせる。例えば、米国渡しの主要原料の価格に運送費を加えた価格を国内生産の価格と比べる。値下げの交渉にも、情報が使える。国内での人的つながりでの取引先に対しては、外資の親会社側で窓口になることによって、ハードな対応もできる。難燃材の調達についても外資の親会社が供給・調達を行うので、今までの関係を切って、安くすることもある。
- ABS は日本で 9 社（現在 8 社）。ABS 樹脂は、混合させることにより、いろいろな性質を持ったものが作れる。用途も広い。CH9100 では研究も行っている（工場に研究陣も居る）。
- リサイクルに適した樹脂である。今後も続けられる。複写機を、東京で解体し、プラスチックを破砕し、CH9100 の工場に送り、再生産に用いて、その複写機会社に持っていく。100％リサイクル品としては使えない（品質に問題が生じる）ので、製品に混ぜ合わせて増量剤として使う。他の会社でも方法の異なるリサイクルを検討中。
- 外資の親会社では、不良品を「1/100 万」以下にする活動を展開中。

○ 製品について
- ブタジェン（ゴム的で刺激性がある）、国内親会社の別子会社から調達する。
- 30 種の添加物も入れる。
- スチレン：成形性。以下の 3 要素を約 1 ヵ月在庫している。

構成要素	構成比	
アクリロニトリル	30%	透明性、耐薬品性
ブタジエン	20%	耐衝撃性
スチレン	50%	成形性

- PBD マルテックス（3種類）→ ABS ラテックス（水溶液···物性上保管できない、計画生産する。理由：それぞれ重合の仕方が違う。）→（凝固、乾燥）→ パウダ（粉）（数十種類：グレード）→ ABS ペレット（数千種類：コードがある）客からの色、サイズ（付加価値）
- パウダまでは計画生産：
- 受注から納入まで2週間（パウダより後で対応。）コードチェンジする段取り替え時間が大きいので、いろいろな工夫をして、段取り替え時間を短縮している）

○ 生産について
  - 生産の流れ

図 6-3　CH9100 での生産の流れ

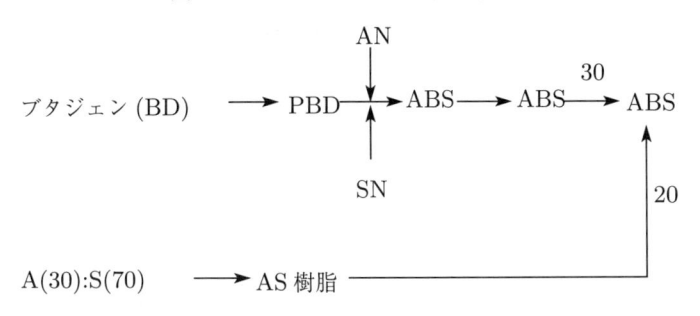

```
                    AN
                    ↓           30
ブタジエン(BD) ──→ PBD ─┼─→ ABS ──→ ABS ──→ ABS
                    ↑                           │
                    SN                         20
                                                │
A(30):S(70)   ──→ AS 樹脂 ─────────────────────┘
```

- AS 樹脂は A:S = 30:70 で作る。
- 1番目の ABS は AN:PBD:SN = 30:20:50 で作る
- 2番目の ABS は AN:PBD:SN = 20:50:30 で作る
- 2番目の ABS は high rubber graft。
- 一番目の ABS と2番目の ABS の計で grade 数十種
- 3番目の ABS が主流。

- 1番目のABSは全体の1割の売り上げ。この方法では、未反応モノマが残る。それを除くための工程が必要だし、それでも100%は除けない。
- 原料は1ヵ月分の蓄えが可能であるが、いかに少ない在庫で運営するかが重要。
- ABSパウダをいかに少ない量で持つかがコスト上重要（半月分の在庫をしている）。年に2〜3週間は、法定点検で止める。
- ペレットは電力を使うので、電力の安いとき（夜間、正月、お盆）に作る。
- 多能工化した社員で、適正人員にする。
- 4直3交代。ただし、受注状況により多様化対応ができる。
- 改善班を持っておき、状況を見て適正配置をする。
- PBD（ポリブタジェン）：ここでエージング（aging：醸造）1週間

○ 取引
- 取引の流れ

図 6-4　CH9100 での取引の流れ

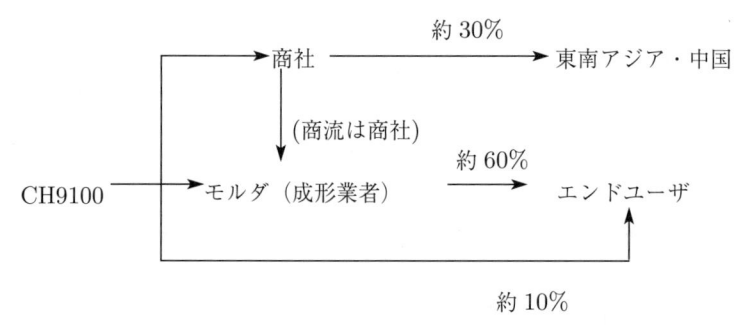

```
                    約30%
        ┌──→ 商社 ─────────→ 東南アジア・中国
        │       │
        │    (商流は商社)
        │       ↓        約60%
CH9100 ─┼──→ モルダ（成形業者） ────→ エンドユーザ
        │                              ↑
        └──────────────────────────────┘
                    約10%
```

- 「商社→東南アジア・中国」のところがもっとも情報を使う。
- モルダ：OT0003、AM1100
- エンドユーザ：AM3000、AM1000
- 「エンドユーザ → モルダ（生産計画）→ CH9100」のラインでは精度が落ちるのでエンドユーザからの情報もとっている。設計部門・下

請け管理部門等複数の部門から、信頼できる人からとる。
- モルダでも材料を自分で調達できるところは精度が高いが、メーカの言うとおりのところは精度が低い。
- 商社：外資親会社の専属的商社が輸出の70%、その他が輸出の30%。この専属的商社は、日本と東南アジアで拡販した功績が大きい会社。
- 商社との取引：商社からのオーダは内示受注（作るが引取責任はない）。最後のオーダは2週間前（1ヵ月前もある）でオーダ連絡表：これは引取責任あり。
- 商社、エンドユーザ、モルダのいずれも、3ヵ月内示。
- 社内での3ヵ月内示：
  - F1: 直前1ヵ月先、F2: 直前2ヵ月先、F3: 直前3ヵ月先
  - 毎月ローリングで見直す。

○ ABS工業会
- 直前の1年と、将来の5カ年需要を予測する作業をやっている。
- 自動車（大型、中型、小型）に含まれるABSの量を求めるなど、用途毎に求める。
- CH9100ではこれらの情報も用いている。

○ 複写機メーカOT0005とOT0006は、情報の精度は高かった（1997年度第4四半期）。

○ 用途
- PC2000：パソコン、
- DE1000：冷蔵庫の内箱（温度に耐える、カーブに沿った形にできる：共通作業）。

○ 社内でもCADでのシミュレーションで問題を突き止めておく。（DE1000の研究陣とも議論する。）

○ 日本での生産能力は9(8)社で80万トン（CH9100 11万トンで2位）である（日経産業新聞1999.2.3）。
- 国内で40万トン、東南アジアと中国で20万トン
- 台湾のK実業（PS→スチレン→ABS）は120万トンで、100万ト

ン（台湾）、20万トン（中国）である。
- K実業製品は、一時、国内の家電メーカや国内自動車メーカが買入を拡大化しようとしたが、現在は2万トン程度に落ち着いている。

○ 商社（国内で商流の商社）
- 売掛金のリスクを避けるために、商流で商社を用いている（物流、情報は直接）。
- メーカが何を期待しているかを察知して、対応する商社が残れる！！

○ 内示情報は生産計画に入れない。（1999年から、生産現場には内示情報は提供しないようになった。確定生産計画だけを指示する。）
- モノマを事前に製造
- 資材に対しては、レジン（パウダ）の情報を流して、物流・生産計画グループがすべて取り扱っている。――資材計画：ここでは内示は用いている。
- 工場を動かす情報は、工場が動くだけの情報を（PLAN：工場内LAN）与える（計画等は工場には、渡さない）。必要性を考えて情報を流す。
- 下請けには、（工場）現場に出すのと同じ情報のみ出す。
- 下請けには、内示は出さない。
- 下請けは、CH9100からの支給原料で作る。

○ 在庫
- 完成品の在庫：約半月。多品種少量生産：生産切換を短時間で行うようにして、月平均50tある場合でも、今10tの注文に対しては、10tだけ作る。
- 中間在庫：半月～1ヵ月
- 原材料：約1ヵ月
- 原材料から中間のものを作るのに、1週間のエージング（醸造）を含み2週間かかる。

6.2.6　Tier 1 CH9200

　CH9200 は、プリント配線盤、印刷インキ、塗料、プラレンズなどに用いられる UV, EB 架橋剤を製造している化学工業の会社である。

　1996 年度の受注・発注・生産・納入の概要は次のように行われている。
(1) 2 月 1 日～5 日に内示がある (1991 年度も同じ)。
(2) 2 月 15 日 (納入の 2 日～10 日前) に確定受注を受ける (1991 年度も同じ)。
(3) 生産計画策定は生産 (開始) の 1 ヵ月前と 7 日前であり、策定には 0.5～1 日を要する (1991 年度も同じ)。対象期間は 1991 年度と同じで月単位と週単位である。生産計画の精度は 1991 年度と同じで 80%である。なお、生産計画には、内示、確定受注以外に、随時調べられる納入先の在庫情報を用いている。
(4) 仕入れ先へは内示・受注・生産の情報の提供であり 1991 年度も同じである。ほぼ 1 ヵ月前の納入先メーカの在庫情報の報告から始まり、1 ヵ月前に生産計画に基づく内示を出し、さらに 1 週間前に発注の確認を行い、生産の 2～3 日前に確定発注をする。
(5) 仕入先からの納入回数は、3 日に 1 回である。この点も、1991 年度と同じである。
(6) 生産に要する期間は、生産開始から 10 日後であり、1991 年度も同じである。
(7) 完成品としての流通在庫は 12～15 日であり、1991 年度の 15～20 日よりも 3～5 日ほど短縮している。
(8) 納入先への納入回数は、15 日に 1 回であり、1991 年度と同じである。

【★調査用紙回答:1999 年★】
○　資本金：180 百万円、従業員数：160 人

I. 仕入総額と売上総額
(1) 1996 年度仕入総額：3,600 百万円
(2) 1996 年度売上総額：6,700 百万円（うち国内売上総額：6,000 百万円）

II. 納入先・仕入先
A. 品目名と生産形式
- 品目名：NK エステル（オリゴ）（UV、EB 架橋材）
- 生産形式：受注生産、見込み生産

B. 売上額：約 3,000 百万円（NK エステルに限る）
- 主要納入先会社への売上割合：約 50%
- 納入先会社数：約 10 社
- 納入先との取引形態（納入先メーカ）：a. 製品も取引とその決済もそのメーカと行う。
- 納入先との取引形態（納入先流通業）：j:その他（製品はユーザへ、取引と決済は商社で）

C. 最終製品：プリント配線盤、カラートタン、カード類、眼鏡レンズ、光ファイバ、紙の艶出し、デイスク表面コーティングの保護膜接着剤

D. 主要仕入部材名：98%
- 1996 年度仕入額：約 3,600 百万円
- 主要納入先からの割合：ベスト 10 社 65%
- 仕入先会社数：97 社

E. 仕入までの最長部材：TCD アルコール DM（独）輸入品
- 所要時間：2.5 ヵ月

F. 仕入までの最短部材：苛性ソーダ、メタノール（地元タンクヤードから）
- 所要時間：半日〜1 日

G. 流通在庫：計算法：a. 在庫額/1 日の消費額
- 1991 年度：15〜20 日
- 1996 年度：12〜15 日

H. 仕掛在庫：計算法：(無記入)

- 1991 年度：（無記入）
- 1996 年度：（無記入）
- ○ 短いものから長いものまであり、1 日〜半月

I. 納期回答の所要日数
- 1991 年度：0.5〜1 日
- 1996 年度：0.5〜1 日

J. 生産計画に用いる納入先からの情報
- 1991 年度：内示、確定受注、納入先在庫情報
- 1996 年度：内示、確定受注、納入先在庫情報
- 流れ：内示・受注 (1991, 1996 年度同じ)
  内示：2/1〜5、確定：2/15、納入：2/25 日以降（確定受注の 2 日〜10 日後に納入）
- 在庫情報：(1991, 1996 年度同じ) 随時

K. 生産計画策定
- 1991 年度：1 ヵ月 7 日前
- 1996 年度：1 ヵ月 7 日前
- 策定に要する時間
  - 1991 年度：0.5〜1 日
  - 1996 年度：0.5〜1 日
- 計画の対象期間
  - 1991 年度：月と週
  - 1996 年度：月と週
- 生産計画の精度（1991 1996 年度同じ）：80%

L. 仕入先への情報
- 内示・発注・生産 (1991、1996 年度同じ)
  (1) メーカ在庫報告 → 1 ヵ月前に生産計画による内示 → 1 週間前に発注確認
  (2) 生産計画により、生産に用いる 2〜3 日前に確定発注
- 在庫情報の場合；

- 1991 年度： 1 ヵ月前
- 1996 年度： 1 ヵ月前

M. 仕入先からの納入回数
- 1991 年度： 3 日に 1 回
- 1996 年度： 3 日に 1 回

◇ 生産開始（J～O 欄の前後関係の基準点）

O. 最初の製品の完成
- 1991 年度： 10 日後
- 1996 年度： 10 日後

P. 納入先への納入回数
- 1991 年度： 15 日に 1 回
- 1996 年度： 15 日に 1 回

III. "もの" と情報の時間的流れ

1. 川下メーカについて
   (1) 川下メーカ： 有る
   (2) 主要製品が、
      - 最終メーカで製品になるまでの時間： 20 週間後（推定値）
      - 最終メーカまでの企業段数： 1～3 段階（推定値）

2. 川上メーカ
   (1) 川上メーカ： 有る
   (2) 主要製品品目の部材名： アクリル酸
      - もっとも遠い川上メーカで何時製造されたものか： 17 週間前（推定値）
      - そこまでの企業段階： 1～3 段階（推定値）
   (3) 貴社の内示あるいは、発注に基づいて部材の生産を開始する川上メーカまでの企業段数： 1～3 段階（推定値）

【★訪問調査ノート:1999 年★】

- ○ 架橋剤
  - ・嫌気性接着剤 — OT0007 へ販売する。プラスチックカードに用いられる。架橋剤は溶剤の代わりをする。温度を上げなくて済む。ベースレジンに添加する材料である。
  - ・プリント配線板の基板のプリント配線を、溶剤を使わず、熱をかけないで、光を当てて重合させ、洗い流して配線図を作る。品質も向上。
  - ・光造形 — 薄いものを光を当てて硬化させて、それを積層して、模型を作る。金型や頭蓋骨の模型。
  - ・アクリル酸（アクリレート）光を当てると硬化する。CH9200 はこれを作るか用いる。光（紫外線）に対する反応がよい。
    - ・UV：Ultraviolet（紫外線）
    - ・EB：Electron Beam（電子線）
  - ・印鑑を作るセット。
  - ・相手先と共同開発して作る製品。
- ○ CH9200 は、元々は捺染（なっせん）染色助剤から出発したメーカ：昭和 40 年代。CH9200 の出発点は顔料捺染接着剤、顔料捺染助剤であった。光重合製造特許は無かった。使用許諾はあった。
- ○ 製品の納入
  - ・TMPT（トリメチ）、ロールプロパンの納入先
    - ・電線メーカ：電線の被覆に用いる。これらの電線は自動車用の線（ワイヤハーネス）としても用いられ、耐熱性で薄いものを使う。網状結合。
  - ・プリント基板に用いるレジストのメーカに対して、架橋剤を供給
    - ・それらのレジストメーカからは、PC1000、PC2000 に納入。
- ○ 流通
  - ・直接：秘密のときもあるので、直接取り引きをすることがあるが、そのような場合は少ない（福井のレンズメーカ）。
  - ・商社（専門商社）を通す：この場合は多く、得意先の 8〜9 割。専門商社を通じる場合は、その先は小さい企業が多い。

- ・元々専門商社のところ：徳島の会社
- ・高野口の商社（総合商社の子会社）→高野口のパイル地（毛先が長い）の工場：賃加工も製品作りもある高野口のメーカが織物メーカのために賃加工している。その織物メーカはシートを AM1000（あるいは AM1000系メーカ）に供給している。

○ 製品用途
- ・写真凸版（A4G は写真製版に、A9G は文字を樹脂で作る）
- ・光ファイバをまとめる被覆（コーティング）。メタクリル酸メチルを作っているメーカが光ファイバを作っている。束ねるときに線をコーティングする。電線メーカに納入する（電線メーカも作っている）。
- ・車のシート（裏側の加工に用いるアクリル系樹脂：アクリル系ポリマ）。
- ・擬木（コンクリートを木に見せる：公園などで使用）塗料。

○ エステル化：酸とアルコールを反応させて、脱水して作られる。

○ 生産期間
- ・投入から完成まで：NK エステル：1週間～10日エステル化：酸とアルコールを反応させることによって脱水させる。接着剤など：1日（朝から夜）
- ・3交代勤務（大体、交代の時が、製品の切り替え）

○ 在庫
- ・製品保管は長くは置けない!!（温度、明るさで変質）
- ・多少の在庫は有る。流れを見ながら生産している。

○ 売掛債権回転期間：暦日で2ヵ月強（年平均）

○ 原材料比率 50%～55%（売上原価に占める原材料費の%）

○ 新製品を開発しないと値段は年々下がる。

○ 輸入物の製品との競争
- ・地元で細かい対応やサービスをすることにより、輸入物（2/3の値段）と競争している。

○ 原料の輸入：
- ・品質、少量での買い。

- 後の仕様の相談などで、輸入しない方がよいものが多い。
○ 輸出
  - 1割程度（円建てでの輸出である）。
  - プラスチックの原料は、日本の加工業の窓口を通じて、アメリカへ行っている。決済は、国内のメーカとしている。
  - カーシートの原材料は、日本の加工業者の窓口を通じて、フィリピンへ。決済は、国内のメーカとしている。
  - 「CH9200 → 日本の商社 → 現地の商社 → 使う会社」の流れもあるが、商社の手数料が高くなるので、直接やっていることが多い。
○ エステルの7割は関東向け：別の地域にある工場で作るが配送に便利。

第7章
情報家電産業における専門商社

　この章は次の第8章が総合商社の中の半導体を扱う部門に当てられているのに対して、電子あるいはその中の一部である半導体を扱う商社を研究対象としている。しかしながら訪問した商社は、著者が1993年と1994年の両年度文部省から科学研究費補助金（研究課題：「情報の価値と情報システムの評価－生産・流通システムとの関連において－」）の交付を受けて行った研究のために訪問した1社と、今回1997年4月から2001年3月までの間の交付を受けて1998年10月に訪問した1社に過ぎないことを断っておかなければならない。

7.1　1997年以前

7.1.1　ICとLSIを製造するメーカとConsumer electronicsメーカをつなぐ専門商社

　訪問した会社は、ICとLSIを製造するメーカとConsumer electronics（家電・パソコンなど）のアセンブリメーカをつなぐ専門商社であり、扱い高の90%近くは生産財である。技術系社員はソフトウエアの開発、ROMのソフト設計、IOの設計に従事している。扱う半導体の50〜60%はカスタム品で

あり、このウエイトが高くなってきている。またセミカスタム品が増えてきている。

カスタム系ICは生産開始から完成までに2〜3ヵ月を要する（仕掛かりがなければ2週間でできるが、仕掛かりになっているので2〜3ヵ月を要する）。川下（アセンブリメーカ）からの受注は、PC1000からの発注のように、納入1ヵ月前で、内示は納入3ヵ月前に受ける。この内示情報を基礎にして、しかし専門商社独自の情報と勘をも加えてIC・LSIメーカに3ヵ月前に発注する。ここにこの専門商社の存在意義がある（これに対して、1997年以降についての対比は、「7.2　1997年以降」◯与信管理 ── 商社のパラグラフでなされている）。以上を要するに、アセンブリメーカの生産期間がIC・LSIメーカの生産期間よりはるかに短いところに専門商社の存在意義がある。この専門商社からの発注量はこれを受けるIC、LSIメーカにおける生産のロットが大きいことから、必要量を越えたものになり得るので、その時にはこの専門商社勘定でのICやLSIの売れ残りが必ず出る。

7.2　1997年以降

7.2.1　WE4000

この商社には1998年に訪問した。2002年4月に賜った原稿チェックのための回答はこの会社を次のように特徴付けている。「当社は電子部品の専門商社でいろいろな部品を販売している。そのなかに半導体もあり、売上げの3分の1を占めている。であるから、独立系半導体専門商社ではなく、独立系半導体商社という表現が適当である」。

【★ノート★】
◯　半導体商社
　　・メーカ系と独立系商社では異なっている部分がある。

- 著者の面接調査に応じてくれたこの商社は独立系の半導体商社である。
○ 取引先（仕入先：1千社から仕入）
○ 取り扱い製品
  - 液晶、CPU
  - メモリ：仕入先は多い（日本メーカ、海外メーカ）
  - 画像処理用LSI：海外メーカ
○ 仕入先メーカと得意先ユーザ
  - メーカ：2～3ヵ月前に注文してほしい。
  - ユーザ：できるだけ遅く注文したい。
  - WE4000は、この差を負えるほどの体質ではない。
  - 汎用品の場合
    - ユーザの6ヵ月先見込みを用いて、メーカは生産計画をたて、3ヵ月fixで生産することによって、ユーザの要求に応じている。ユーザの計画変更などにより、在庫になったり不足したりする。
  - カスタム品の場合
    - アセンブリメーカから確定オーダを貰う（ユーザであるアセンブリメーカのリスク）。これだけでは、アセンブリメーカにとってWE4000を通すメリットがなことになる。カスタム品の場合、下で記しているように、「WE4000の技術者とユーザであるアセンブリメーカで新しい設計をする」などの役割を果たしており、それがWS4000を通すことのメリットとなっているのではないかと著者は考える。
    - 単発のものもあれば、繰り返しのものもある（受注例：10万個を10ヵ月で、ただし、さしあたり3ヵ月分だけ発注を受ける）。受注生産が基本になるので、生産に必要な日数（約3ヵ月）分の納期をユーザから貰う必要がある。
  - 米メーカが採っている手法
    - プライスプロテクション：商社に在庫期間中の値段が下がったとき保証。

- ・ ストックローテーション：商社に在庫しているものが売れなくなれば、他のモノと交換。
○ WE4000 の技術者とユーザで新しい設計をすることもある。
○ 在庫回転期間
  - ・ 半導体は基本的には、在庫をおかない。
  - ・ 電子部品全体（コネクタ、コンデンサ）では、20〜25 日。
○ 決済： 略
○ 流通
  - ・ 半導体産業の成熟化に伴って、テリトリ制（このユーザにはこのディーラを通じて入れる：競争により値段が下図のように下がるのを防ぐため）が敷かれ、日本の半導体のルートはほぼ決まっている。

図 7-1　テリトリ制を敷く理由

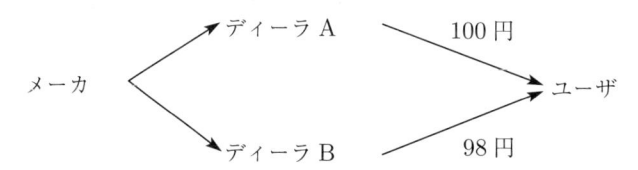

```
              ┌─→ ディーラ A ──→ 100 円 ─┐
   メーカ ────┤                          ├──→ ユーザ
              └─→ ディーラ B ──→ 98 円  ─┘
```

  - ・ ユーザは別会社製でも安ければよいが、国内メーカのものであれば、ルートはほぼ決まっている。外国からのものはまだルートが決まっていないので WE4000 としては扱える。
○ メーカと共同開発して、商権を確保：技術者を育成していく方向が重要。
  - ・ 技術武装。
  - ・ 問屋機能ではない。
○ 流通・商社の見直し（現在から今後）
  - ・ テリトリ制の見直し
  - ・ 技術力があるところ、提案できるところを選ぶようになっている。
    - ・ ユーザの要望をメーカと実現。
    - ・ 製品をよく知りユーザに売り込む：「どこの○とどこの△を組み合わせて使うとよくなる」と売り込む（これが大きい）。

○ 与信管理 ── 商社

・カーステレオ、トランシーバ（CB）、ラジカセの分野では、小アセンブリメーカ（ここに与信）が乱立 → 大手が整理をやり始めた：この流れの中でテリトリ制化。

・粗マージンがそこそこことれていたときは、半導体メーカとアセンブリメーカの間のバッファ的役割を果たせたが、粗マージンが狭くなった今日では、上のような役割が果たしづらくなった。以前はCBトランシーバ、カーステレオ、ビデオゲーム機（インベーダなど）のブーム期には、小アセンブリメーカが乱立し、商社が与信管理の機能を果たして来た。しかしながら、電子業界が成熟する過程で、弱小メーカの台頭が少なくなるとともに、大手メーカの寡占化が進み、ひいては商社の与信機能の必要性が薄らいだ。こういう流れの中で商社は大手アセンブリメーカに対する商権確保を優先した。その結果として ── 半導体メーカの代理店政策とも合致して ── テリトリ制が定着した。

第8章
情報家電産業における総合商社

　総合商社3社を訪問した。訪問した部門は、2社が情報産業本部であり、また別の1社は情報・通信・電子本部であった。面接調査に応じて下さった責任者の所属先は半導体ユニット、エレクトロニクス事業部、マイクロエレクトロニクス会社（子会社）、電子機器部、ソリューション会社（子会社）であった。これに対して、著者が訪問した情報家電のサプライア1はHDD、LCDそして半導体の各メーカであった。そして例えばLCDに材料や部品を供給しているサプライア2のうちでは材料費の高い順に(1)カラーフィルタ、(2)硝子基板であったが、これらは訪問した商社部門では扱われていなかった。しかしながら、LCDそのものは、材料の投入から製品としての完成まで、第6章6.2.3節の質問項目「O. 最初の製品の完成」に述べてあるように、1999年度現在で75日と長い。HDDについては、HDDメーカにおける材料投入から製品としての完成までの時間的長さは10日前後と長くはないが、HDDの部品である磁気ヘッドのリードタイム（発注から納入を受けるまでの時間的長さ）は約3.5ヵ月と長い。これらLCDとHDDが部品として装着されるノート・パソコンメーカは確定発注（厳密には、VMI搬入指示）がN-2週であるから、本章でこれから述べるように、間に総合商社が介在している可能性は十分ある。しかしながらこれについては研究ができていないことを告白しなければならない。

　本章では、ノートパソコンアセンブリメーカと半導体メーカの間に立つ総

合商社と、半導体メーカとシリコンウエハメーカの間に立つ総合商社を研究している。ここに一つの難問がある。それは、自動車産業とは違って、情報家電産業の場合には、半導体が小さい体で大きな価値を持つという特性から、(1) 海外のICメーカから仕入れて国内立地のアセンブリメーカへ販売する場合と (2) 国内立地のシリコンウエハメーカから仕入れて海外のICメーカへ販売する場合が例外的にではなく行われていることである。これらの場合には、(1) についてWE2000の場合で見ると、仕入先への発注リードタイム（発注をしてから現物が入ってくるまでの時間的長さ）は約8週間であるので、在庫約4週間をみて、顧客への納入日の約12週前に仕入先に確定発注をする。他方、顧客からの確定発注は、納期前約5週間～8週間。したがって、12–(5ないし8)週間が商社の危険負担となる。ただし、顧客からは12週間前に「生産計画の2ヵ月ローリング＋1ヵ月の情報」がある。(2) については、WE3000の場合で見ると、総合商社が各顧客での所要量、ICの納期等を勘案して、ICメーカに対して正式に発注を行う（確定1ヵ月発注）。アセンブリメーカからは、汎用品について、納入1ヵ月前に正式に受注する（確定1ヵ月受注）。カスタム品については、所要量予測より拘束力のある内示を貰う。以上のように総合商社の危険負担機能があることははっきりしている。しかしながら、ICメーカ、シリコンウエハメーカともに日本国内に立地している場合にも、両者の間に立つ総合商社は危険負担機能を担っていると考えられる。その理由を次に述べる。これはあるICメーカ (NP1300) についてのものであるが、生産額の60～70%は汎用性が高い（日本立地の日本メーカの主要製品であるメモリICの汎用性は高い）。残りの30～40%はカスタム品である。汎用性の高い ―― メーカ間で共通性がある、あるいは当該ICメーカの製品の中で共通性がある ―― ICについて、繰り返し生産の中で総合商社が、ICメーカからは3ヵ月のローリングを貰いながら ―― これは確定受注ではないにもかかわらず ―― ICメーカの利益のために先行発注をする。それではカスタム品 ―― 当該ICメーカしか使わない、あるいは当該ICメーカの製品の中でも共通性に乏しい ―― については先行発注をしないのか？カスタム品についても繰り返し生産をしている中であれば、銑鋼一貫

メーカと自動車のアセンブリメーカの間に立つ総合商社の危険負担機能から推して、先行発注をすると考えるべきではないかと著者は考える。以下はその理由である。

　自動車のボディに使われる冷間圧延鋼板の仕様は AM1000 用は溶融鋼板であるのに別のメーカ仕様は xxx であるというように、さらに同じメーカ向けであっても車種によって仕様が異なるというように、おそらく IC の仕様の多様性に劣らない程に多種多様な仕様である。それでも第 9 章「自動車産業における総合商社」で見るように、総合商社は繰り返し生産の中で、契約残（契約残については、第 9 章冒頭の数パラグラフあるいは WS2000、WS3000 を見よ。）を勘案しながら、先行発注をしているのである。

　IC メーカとシリコンウエハメーカの間に立つ総合商社についても、上の契約残という工夫があるとすればであるが、繰り返し生産の中で、先行発注があり得るのではなかろうか？ただ、自動車に比べての困難は、何年毎のモデルチェンジという暗黙の了解が無いこととシリコンウエハの生産期間が 1999 年現在で 45 日前後と長いことである。自動車の場合は 2003 年現在で次のモデルチェンジまで 5 年ある。したがって総合商社は在庫を覚悟すれば、いつかは顧客であるアセンブリメーカが使ってくれる。これに対して、小売市場における売れ行きが週で変わり、次のモデルチェンジまで何年かあるいは何ヵ月かが予測できないノートパソコン市場では、カスタム IC について「繰り返し生産の中の先行発注」は限られたものとはならざるを得ないではあろう。

　著者は 1998 年に下記の 3 総合商社を訪問して面接調査を行い、それぞれから回答を得た。WE2000 からは総論を、WE3000 からは各論をそして WE1000 からは特定のメーカの中に入ってメーカ活動の一環を担う商社活動をと、それぞれ特色のある回答を与えられたことは幸いであった。以下では、この順序に述べる。

8.1 WE2000

【★用紙記入＋資料★】
○ IC の流通
- 新規 design-in（仕様決定）作業、並びに、新製品立ち上げ時の納期確保。
- 企画・設計から発注までに時間がかかる。商社が、その社内で購買まで話を進めておく。発注は前もってやる場合もある。——その follow が必要。
- 仕入先：米国 IC メーカ
- 売り先：国内電機メーカ、コンピュータメーカ（NP1000 を含む）、国内通信機器メーカ、Fax・コードレス電話メーカ

1. 受発注（内示段階を含む）
   - 仕入先への発注リードタイムは約 8 週間、在庫約 4 週間をみて、客先納入日の約 12 週前に仕入先に確定発注。
   - 一方、売り先からの確定発注は、納期前約 5 週間～8 週間。ただし、内示 12 週間あり。
2. 引取と納入
   - 入庫日から出庫日まで平均 4 週間、ただし EOL(End Of Life) 商品等は最長 1 年。
   - IC メーカでは生産中止だが、ユーザはもっと使う場合、商社が買っておく。
3. 在庫回転期間：平均 1～2 ヵ月。
4. 受渡・決済条件：
   - 仕入れ：FCA(Free Carrier Airport) 米国・出荷後 30 日ドル建て現金。飛行機の FOB (Free On Board) であり、米国の空港渡しで、以後は WE2000 の子会社 WE2100 の勘定に成る。

8.1 WE2000

- 売り先：納入払・納入月末締め翌月末起算120日現金。
○ シリコンウエハの流通
- 売上先：（大手20社）家電・電機メーカ、コンピュータ・パソコンメーカの半導体製造部門。
- 仕入先： ウエハメーカ（大手4社）
- 売上先が仕様を決めて発注する。
    - メーカは1つの種類のICに1つの種類のウエハ。（例：SDRAMメーカの64K SDRAMは1つのウエハ、転用・転売は利かない。また、同じメーカの中でも別のICには使えない。）
    - 繰り返し発注のため、流通在庫でバッファ（繰り返し生産なので、ある程度先行して手配する。）（平均1.5〜2ヵ月、最大3ヵ月：ウエハの品質劣化を考慮して）

(1) 発注時期
    a. 基本的には同時：
       ウエハはカスタム製品であり、転売が利かぬため、受注に基づいて発注するのが基本。
    b. 商社が在庫をするのは、あくまでバッファ在庫であり、独自の見込みによる在庫は通常ない。
    c. また、品質保証（品質劣化）の観点からも3ヵ月以上の在庫は望ましくない。（1.5ヵ月から2ヵ月の在庫を持っている。）
    d. 上記から、商社による本商品の在庫は流通バッファ在庫であり、その目的は
        - 急な要求への対応—短納期化への対応。
        - （ウエハ）メーカの生産・出荷の平準化。
    e. 保有する商品の対象は定常的（routine）に流れるものであり、毎月流れるものの中で在庫を保有している。
    f. 一つのケースとしては、仕入先メーカが翌月（例：10月）生産を決定する前月10日（例:9月10日）頃に月末（例：9月末）在庫量を決めている。別のケースでは、品種・数量を予め決め、一定期

間で見直すものもある。11月初めから2週間かけて納入する。
   g. 一義的には、多くの客先が預託制度（本書ではVMIで統一している。）をとっており、検収即発注という形式になっており、その意味ではすべての発注が先行発注である。仕入先メーカは、客先の見通しに基づいて製造手配をするが、その場合に商社からの発注書を要求するケースもある。
(2) リードタイムと (3) 在庫期間
   a. 通常のリードタイムは1～2ヵ月（WE2000からウエハメーカに発注して、納入を受けるまでの時間的長さ）。上記品質保証の問題もあり、在庫期間は、3ヵ月以内とするのが常識。（通常のリードタイムは、数年前は3～4ヵ月であった。工程間仕掛を如何に短くしていくかに成功しているのではないか…回答責任者。）
(4) 決済方法
   ・メーカには商社が納入先別に一括して支払う。
   ・WE2000には、仕入先であるシリコンウエハメーカには短い決済となり、得意先であるICメーカには長い決済となるので、差がWE2000の負担となる。これに、預託制度による資金負担あり。
○ 6ヵ月、3ヵ月内示
   ・ウエハメーカへの発注書は、最悪の場合は返すこともあるが、ほとんどは生じない。
   ・従って、ウエハメーカが出荷すれば一応は売り上げが立つと考えられるので、出荷・生産の平準化となる。
   ・予定が狂った（倉庫に入れたけれども出なかった）場合は、商社の在庫となり、金利負担が生じる。
   ・WE2000がウエハメーカへ先行発注する。しかし、リスクはウエハメーカが負う。WE2000としては、顧客から発注がなければ、ウエハメーカに対する発注は取り消すことで了解を得ている。契約条項に入れてある。一方において決済期間の差による資金負担

があり、他方において先行発注してもリスクは負わないのであるから、シリコンのウエハメーカとICメーカの間に立つ商社は金融機能は果たすが、危険負担はないといえる。危険負担はないが、シリコンウエハメーカに対して、情報を与える機能は果たしている。

シリコンウエハメーカとICメーカの間に立つ商社に危険負担機能はないというのは、WE2000からの回答であった。これに対して、本章冒頭において、著者はカスタムICについても「繰り返し生産の中の先行発注に限られるとはいえ、危険負担機能を果たしている」と主張しているのである。

8.2 WE3000

I. ICメーカとシリコンウエハ・メーカとの間に立つWE3000の役割

(0) ビジネスの概略
- シリコンウエハ・メーカ：NP1310を含む国内メーカ3社
- ICメーカ：海外の会社
- 販売ルート：シリコンウエハ・メーカ → WE3100（国内：WE3000のソリューション子会社）→ WE3200 海外→ ICメーカ（シンガポール、マレーシア）（マレーシアの場合、販売契約はWE3200を通じるが、"もの"は直接WE3100から）

(1) 受・発注（内示段階を含む）の時間的流れ
  (a) ICメーカより3ヵ月毎に購入予定表を入手（大体は書類にて）：内示。
  (b) (a)で入手した購入予定表をシリコンウエハ・メーカに提示。
  (c) ICメーカより、納入の2ヵ月前に注文書を入手（毎月）。
  (d) シリコンウエハア・メーカへの正式発注。（WE3000の見込み発注はなし。時間ロスなし。）

(2) 引取と納入
- (a) 発注後、約2ヵ月でシリコンウエハ・メーカより納品を受け、引き取る。
- (b) 引取後、速やかに輸出手配を行い、シンガポール、マレーシアの客先宛に航空便にて出荷する。入荷後、輸出手配を行うのに約1週間。CIF(Cost Insurance Freight) Singapore で客先に貨物を引き渡す事となっている。

(3) 当社勘定の在庫の回転期間
- ・本取引については、WE3000 は在庫を持たない。

(4) シリコンウエハメーカおよび IC メーカとの間のそれぞれの決済方法
- (a) シリコンウエハメーカとの決済方法
  - ・納入月末締め、90日後現金。
- (b) IC メーカとの決済方法
  - ・Net 60 days の現金（入金はもっとかかることもある）。
  - ・海外の場合、net 30 days が普通。

(5) WE3000 のその他役割
- ・現地に於ける簡単な営業、技術支援。

II. IC を搭載する部品のメーカと IC メーカとの間に立つ WE3000 の役割

(0) ビジネスの概略
- ・IC を搭載する部品のメーカ：国内部品メーカ
- ・IC メーカ：OT0016（米国）(8 ビットマイコン, EEROM (Electronic erasable ROM)，テレビチャネル、携帯メモリ)
- ・販売ルート：IC メーカ（海外）→ WE3100 → IC を搭載する部品メーカ

(1) 受・発注（内示段階を含む）の時間的流れ
- (a) IC を搭載する部品のメーカより所要予測を入手（口頭）（拘束力なし）
- (b) (a) で入手した需要予測を IC メーカに提示（あくまで参考として、したがって拘束力なし）

(c) WE3100 にて各客先での所要量、IC の納期等を勘案して、IC メーカに対して正式発注を行う（WE3100 のリスクで納入の 2～3 ヵ月前）。

(d) IC を搭載する部品メーカより正式受注（納入の 1 ヵ月前）。WE3000 はそれより 1～2 ヵ月前に発注する。

＊ 上記 (a)～(d) は汎用品についてである。カスタム品は見込み発注なし。

(2) 引取りと納入

(a) 発注後、約 2～3 ヵ月で IC メーカより納品を受ける。

(b) 一旦は WE3100 の在庫とする。

(c) IC を搭載する部品メーカの注文に従い、WE3100 は在庫より納入。取引のとき、以下の主旨を書いた書類を作成する場合もある。

(i) 在庫している IC を入れたときの値段より売値が安くなったとき、IC メーカから補ってもらえる（差額を cash back して貰う）。

(ii) 汎用的なものはストックローテーション：古くなったものを、新しいものと取り替える。（逆に汎用性のない場合は、そうなっていないことが多い。）

(iii) PC についても、上の (i)、(ii) と同様な部分もある（外国のコンピュータ・メーカ）。（パソコンメーカのストックに関して粗マージンの補償をしてくれるのもある。）

(3) 当社勘定の在庫の回転期間 約 2～3 ヵ月

(4) IC を搭載する部品のメーカおよび IC メーカとの決済方法（以下は、1 つの例）

(a) IC を搭載する部品のメーカとの決済方法

・ 納入月末締め、翌月末振出約 4 ヵ月手形

(b) IC メーカとの決済

・ Net 30 days（Invoice 起算の 30 日）

(5) WE3000 のその他の役割

- 技術サポート ―― WE3000 の社員としての技術者が支援
- 新商品紹介
- マーケティング ―― 市場のマーケティング
    （*上記のうち下側の2つは「情報」を集めて付加価値をつけて、川上・川下を結びつける、という役割。）
- トラブル（係争）的なものの処理のノウハウ。

III. Consumer electronics メーカ（アセンブリメーカ）と IC メーカとの間に立つ WE3000 の役割

(0) ビジネスの概略
- consumer electronics メーカ：国内の有力アセンブリメーカ。
- IC メーカ：OT0016（海外メーカ）
- 販売ルート：IC メーカ → WE3100（国内）→ consumer electronics メーカ

(1) 受・発注（内示段階を含む）の時間的流れ
  (a) consumer electronics メーカより所要予測（3～6ヵ月分）を入手（口頭又は書類）。
  (b) (a)で入手した所要予測を IC メーカに提示（あくまでも参考として）。
  (c) WE3100 にて各客先での所要量、IC の納期等を勘案して、IC メーカに対して正式発注行う。
  (d) 汎用品は、1ヵ月前に consumer electronics メーカより正式受注。カスタム品：内示を貰う。所要量予測よりも拘束力がある。

(2) 当社勘定の在庫の回転期間： 約2ヵ月～3ヵ月

(3) consumer electronics メーカおよび IC メーカとの決済方法
  (a) consumer electronics メーカとの決済方法
    - 納入月末締め、翌月末振出約4ヵ月手形を受け取る。
  (b) IC メーカとの決済方法
    - Net 30 days 後現金払

IV. 新製品の開発・設計から製品として市場に出すまでの WE3000 の寄与について
○ consumer electronics 製品の場合
- 新製品の開発・設計時における IC の技術的詳細等の説明、サンプル供給、開発・設計の請け負い。
- 試作段階における IC の情報提供。
- 市場投入前のデバッグ等への協力（情報提供等の手段による）。

【★ノート★】
○ 海外

図 8-1　海外の生産工場

```
シンガポール政府
　│
　政府出資企業
　　　├── ファンドリメーカ (Foundry manufacturer)
　　　│    (ファンドリメーカ：回路書き込み、焼き付けを引受ける。高い稼働率)
　　　　　　　↑
　　　　　　発注
　　　米国：ファブレス (工場なし) の会社：設計
　　　日本：家電、情報家電メーカの中にしているところがある。
```

8.3　WE1000

【★ノート★】
I. IC メーカとシリコンウエハ・メーカの間にたつ WE1000 の役割
○ シリコンウエハメーカと半導体メーカの間にたつ総合商社の役割
- 取引の流れの例（図 8-2）：PC2100 はパソコンメーカ PC2000 の半導体製造部門

図 8-2　取引の流れ

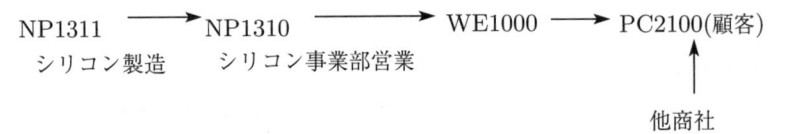

NP1311 → NP1310 → WE1000 → PC2100(顧客)
シリコン製造　シリコン事業部営業　　　　　　　　↑
　　　　　　　　　　　　　　　　　　　　　　他商社

- WE1000 としての業務
    - 納期管理
    - リスクテーキング
    - 預託在庫を WE1000 の責任で PC2100 のために持っている。
○ PC2100 に対する役割に加えて、DE2000 の半導体製造事業部門である DE2100 のための購買エージェントとしての役割

図 8-3　購買エージェント

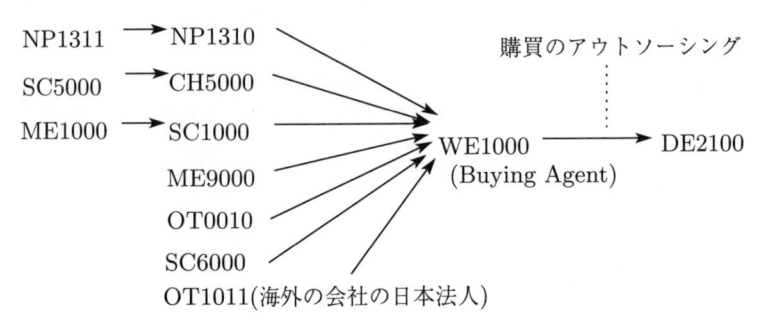

NP1311 → NP1310
SC5000 → CH5000
ME1000 → SC1000
　　　　　ME9000
　　　　　OT0010　　→ WE1000 → DE2100
　　　　　SC6000　　　(Buying Agent)
　　　　　OT1011(海外の会社の日本法人)

購買のアウトソーシング

- DE2100 からは、業務委託料を受け取る。NP1310 等のメーカからは、手数料を受け取る。
- DE2100 で作った IC の物流もやっている。DE2100 は完成品 IC のユーザでもあるが、また IC メーカでもある。
- DE2100 のアウトソーシング（として WE1000 が業務委託料を受け取っている）
- 購買エージェント以外のことも行っている。
- DE2100 工場近くに WE1000 は上図 NP1310 をはじめ各メーカからの購買部品を保管する倉庫を持っている。このことによって、

8.3 WE1000

　　WE1000 は DE2100 のための物流管理を受け持ち、資材センターとしての役割を果たしている。さらに、DE2100 のための購入計画をたて、仕入先に対する内示を含めた納期管理をしている。
○ 各メーカすなわち、NP1310、CH5000、SC1000、ME9000、OT0010 からも口銭を貰っている
○ 仕入先から見た WE1000 の役割
　　・ NP1310 からみれば、WE1000 は卸商の役割を果たしている。

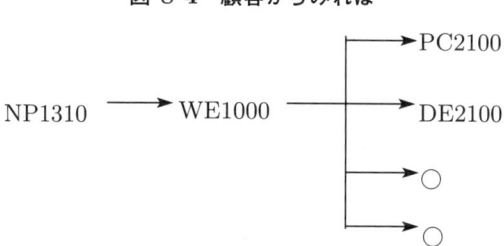

図 8-4　顧客からみれば

```
                              ┌─→ PC2100
NP1310 ──→ WE1000 ──┼─→ DE2100
                              ├─→ ○
                              └─→ ○
```

○ シリコンウエハ (Si Wafer) は作るのに、2〜2.5ヵ月かかる。
　◇ 計画（年4回）：PC2100 → WE1000 → NP1310 → NP1311
　　・ 4月に 4〜9月の分
　　・ 7月に 7〜12月の分
　　・ 10月に 10〜3月の分
　　・ 1月に 1〜6月の分
　◇ 内示：PC2100 → WE1000 → NP1310 → NP1311（ただし、NP1310 から NP1311 へは order）
　　・ PC2100：2ヵ月前に毎月 = order entry：4月に6月、5月に7月、6月に8月。
　　・ DE2100：3ヵ月前に毎月
　◇ Order：PC2100 → WE1000 → NP1310 → NP1311
　　・ 確定注文 PC2100 (order) → WE1000 (order:出会い取引) → NP1310 (5%変更 order) → NP1311（この5%は、その仕様のものが

増減する。減少の場合は、NP1311 の責任で在庫される。)
  ・ 出会い取引：order の入りと出が同時
○ PC2100 と DE2100 の確定注文と内示の精度
  ・ PC2100：確定注文が内示の 93%～97%
  ・ DE2100：確定注文が内示の 98%～100%
  ・ DE2100 の場合：切り替え時の不良在庫は、DE2100 が引き取る。
    WE1000 は金利負担。
○ 物流： 取引と納入

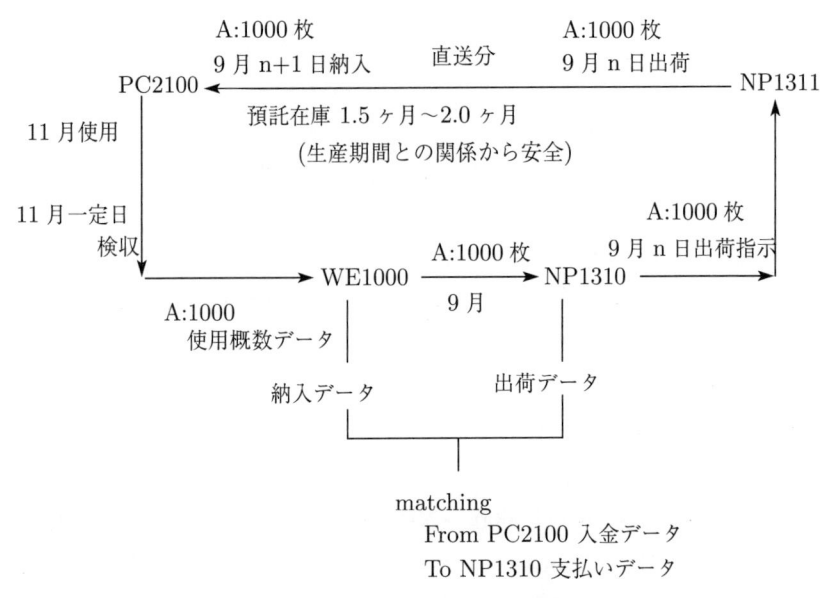

図 8-5　物流：取引と納入

```
                    A:1000 枚              A:1000 枚
                    9月 n+1 日納入   直送分   9月 n 日出荷
       PC2100 ←─────────────────────────────────────────── NP1311
                                                              ↑
  11月使用          預託在庫 1.5 ヶ月～2.0 ヶ月                  │
                    (生産期間との関係から安全)                   │
                                                              │
  11月一定日                                    A:1000 枚      │
     検収                            A:1000 枚   9月 n 日出荷指示│
        └──────────→ WE1000 ─────────────→ NP1310 ──────────┘
                        │          9 月          │
          A:1000                                 
          使用概数データ │                        │
                     納入データ              出荷データ
                        └────────┬──────────────┘
                                 │
                            matching
                            From PC2100 入金データ
                            To NP1310 支払いデータ
```

  ・ 上図で出発点は WE1000 で、時計と反対まわりである。

○ 預託在庫：受注から検収までの時間
  ・ PC2100 向け： 1.5～2 ヵ月
  ・ DE2100 向け： 資材センタ： 0.5～0.7 ヵ月
○ 取引

8.3 WE1000

	売	買
PC2100	・検収月末締切 　約5ヵ月後現金	・出荷月末締切 　翌月末起算約4ヵ月手形 　約5ヵ月後現金化
DE2100	・検収月末締切 　翌々月末現金（約2ヵ月）	・出荷月末締切翌月末現金化 ・出荷月末締切3ヵ月後現金 　（3ヵ月）

II. consumer electronics メーカと IC メーカの間に立つ WE1000 の役割 および III. 新製品の開発・設計から製品として市場に出すまでの WE1000 の寄与

○ 国内メーカの DRAM を扱う。
○ 海外メーカ（米国）の MPU を扱う。
○ OT0014 について（図 8-6、図 8-7 参照）

図 8-6　WE1000 と関連会社

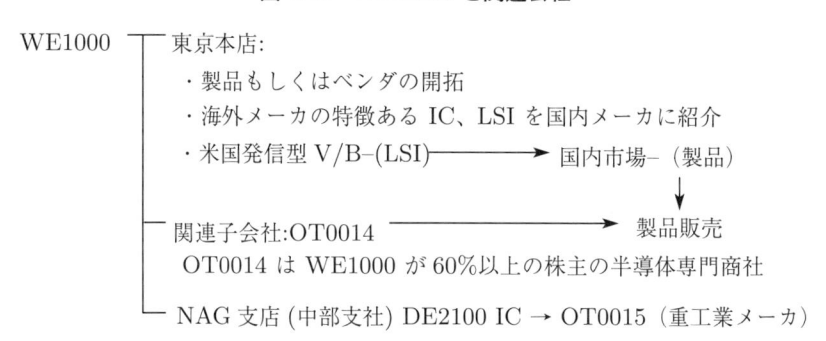

```
WE1000 ┬─ 東京本店:
       │    ・製品もしくはベンダの開拓
       │    ・海外メーカの特徴ある IC、LSI を国内メーカに紹介
       │    ・米国発信型 V/B–(LSI)────→ 国内市場–（製品）
       │                                         ↓
       ├─ 関連子会社:OT0014 ──────────→ 製品販売
       │    OT0014 は WE1000 が 60％以上の株主の半導体専門商社
       └─ NAG 支店 (中部支社) DE2100 IC → OT0015（重工業メーカ）
```

図 8-7　OT0014 について

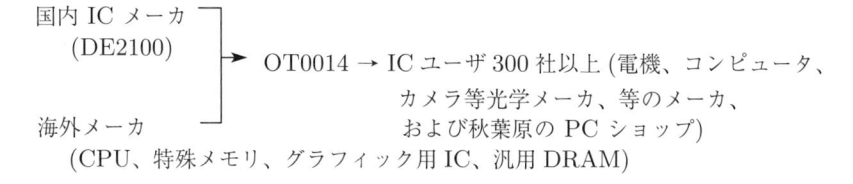

```
国内 IC メーカ ┐
  (DE2100)    │
              ├→ OT0014 → IC ユーザ 300 社以上 (電機、コンピュータ、
  海外メーカ   │            カメラ等光学メーカ、等のメーカ、
              ┘            および秋葉原の PC ショップ)
  (CPU、特殊メモリ、グラフィック用 IC、汎用 DRAM)
```

○ IC メーカ
  ・製造期間：2〜3ヵ月
  ・ウエハ → 焼き付け → IC の工程は 250〜350 ステップ
    ・汎用品：：メーカリスクで生産計画
    ・セミカスタム、フルカスタム品：汎用的なところまではメーカリスクで生産計画
  ・IC メーカとしての DE2100 への発注
    ・15ヵ月のローリングフォーキャスト：需要予測と製造計画（本書の表現では 15ヵ月内示のローリング）
      ・引取責任、引取保証は厳密にはない（引取保証は発注しない限りない）
    ・DE2100 は 3ヵ月の確定発注を要求している
○ IC ユーザからは、
  ・確定発注：　汎用品中心　1〜1.5ヵ月前
  　　　　　　　カスタム品　3ヵ月（メーカ要求通り）
  ・OT0014 のマージン率は 10％前後
  ・確定発注を受けて、確定発注を出す
○ PC 市場：足の速い市場：3ヵ月に 1 回機種変更（SC9001 の CPU サイクル）
  ・M/B（CPU、チップセット、メモリ、Graphic、その他）
  ・HDD、FDD、CDROM、モニタ、キーボード、マウス、電源、ソフト
  ・メモリ種類
    ・DRAM：需要の 70％は PC 向け。IC の中でもっとも汎用品。
    ・SRAM、Flash Memory、MPC、カスタム IC
○ CPU メーカ SC9001 への Demand と Order
  ・SC9001 ── OT0014 ── カスタマ
    ・OT0014 とカスタマは同じデータ（情報）で、それを SC9001 に知らせる
○ 需給バランス ⟵⟶ Allocation（割り当て）

図 8-8 SC9001 について

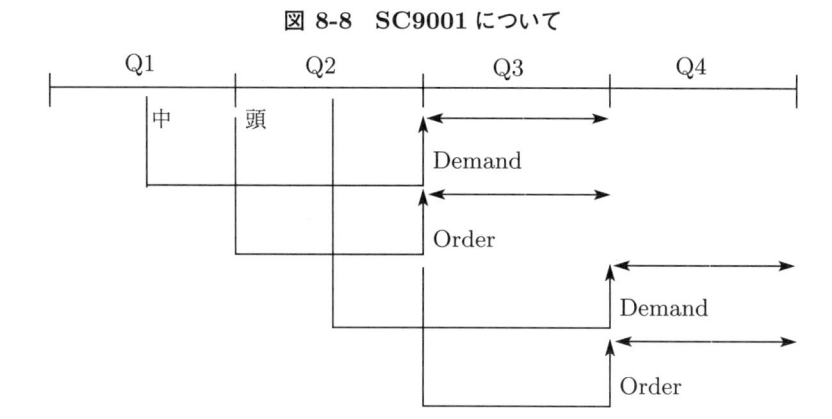

```
|――― Q1 ―――|――― Q2 ―――|――― Q3 ―――|――― Q4 ―――|
           中      頭
                        ←―――――――→
                           Demand
                        ←―――――――――――→
                            Order
                                      ←―――――――→
                                        Demand
                                      ←―――――――――→
                                         Order
```

- 上図で Q は四半期を表す。
- Q3 の Demand を Q1 で行う。
- Order は 3ヶ月〜6ヶ月先の分について行う。

- 供給過剰（買い手市場）
  - 確定発注から納期までは短くなり、ユーザ側の在庫レベルは少なくなる
- 供給タイト（売り手市場）
  - フォーキャストの重要性大
  - 確定発注は前倒し
  - メーカによる allocation（割り当て）→ ユーザは 2 重 3 重に発注する（ますますタイトに）
- メモリに関しては、供給過剰と供給タイトが大きく振れることがある。
○ 在庫
  - OT0014 の在庫： 全商品平均で 1〜1.5 ヵ月（1 ヵ月を切るのが目標）
○ 決済
  - 大手ユーザとの間では納入から 120〜180 日延べ払い（現金、手形）
  - 買掛金
    - 国内メーカ： 納入月末締 60 日 現金
    - 海外メーカ： Net 30〜60 日（納入日から 30〜60 日後 現金）

- 売掛金
  - 国内メーカ：検収月末締 150 日 現金、120 日 現金
  - 海外メーカ：納入月末現金 COD（Cash On Delivery）
○ 家電品の場合
  - マイコンが機能の中心 4,8,16,32 ビット
  - ハードは汎用、ソフトはユーザによって相異なるのでカスタム品
  - カスタム品：

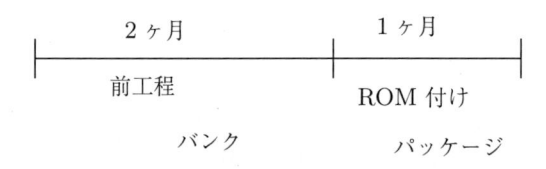

図 8-9 カスタム品

```
|──────2ヶ月──────|──────1ヶ月──────|
       前工程              ROM 付け

       バンク              パッケージ
```

- 「バンク」は一時在庫を意味する。

第9章
自動車産業における総合商社

　銑鋼一貫メーカと自動車メーカ（自動車アセンブリメーカ）の間に立つ総合商社の役割には、よく知られているように、銑鋼一貫メーカから冷間圧延鋼板を買い取ってから代金を支払う（手形で決済した場合にはその手形の満期日に現金を支払う）までの日数（これをAとする）と、総合商社から自動車メーカに冷間圧延鋼板を売ってからその自動車メーカからその代金を現金で受け取る（手形で受け取る場合にはその手形の満期日に現金を受け取る）までに要する日数（これをBとする）について、AよりBが長いことが知られている。ただし、これも一般的にいえることではないようである。著者はこの「一般的にいえることではない」裏付けを提出することが出来るが、企業秘密を遵守することを選ぶ。
　銑鋼一貫メーカと自動車メーカのある一つの組み合わせに限って、銑鋼一貫メーカと自動車メーカが直接取引（商流を意味する。）をしているが、この1例を除いて、著者の調査には、銑鋼一貫メーカと自動車メーカが総合商社を通さないで取引（再度断るが、商流の意である。）をしている例を見いだすことは出来なかった。著者は1998年に総合商社3社を訪問した。また、内1社のコイルセンタを同じ年に訪問した。以下では、3社を会社番号WS1000, WS2000そしてWS3000として面接調査時に受けた回答について述べる。
　個々の面接調査に入る前に、総合商社が自動車メーカと銑鋼一貫メーカの

間に立って担う危険負担機能について述べることが読者の理解を助けるであろう。

　自動車のボディになる冷間圧延鋼板の生産期間は長い。さらに、一口に自動車の冷間圧延鋼板といっても、自動車メーカによって仕様が相異なる。さらに、同じ自動車メーカでも車種によって仕様が異なる。このような条件の下で、総合商社が危険負担機能を、それも確定1ヵ月生産計画の精度がAM1000やAM2000のようには高くない自動車メーカをも含めて、担うための制度的工夫が直ぐ下に述べる二つのパラグラフである。なお、これらのパラグラフはWS3000からの回答に基づいている。例えば、9月末時点で10月、11月そして12月の鋼材使用予定を自動車のアセンブリメーカから貰う。総合商社は契約残を考慮に入れて、10月に契約（発注）して11月に銑鋼一貫メーカにおいて製造され、12月1ヵ月は完成品在庫となり（ST1000では、1ヵ月の完成品在庫を持つように全社的に統一している。）、1月に自動車のアセンブリメーカへ納入される。さらに、1月について総合商社は枠取りを銑鋼一貫メーカの生産工程について行う。

　10月に契約した（発注した）のは自動車のアセンブリメーカからの生産計画の3ヵ月ローリングに基づいている。（自動車アセンブリメーカからの確定1ヵ月生産計画は銑鋼一貫メーカに対する確定発注ではない。確定発注は、AM1000の場合は「かんばん」による納入指示があったときであり、AM2000の場合は、「中5稼働日を置いての1日分」の発注・納入指示があったときである。総合商社が自動車アセンブリメーカの確定1ヵ月生産計画に基づいて、銑鋼一貫メーカへ発注するのである。ただし、AM1000とAM2000の確定1ヵ月生産計画の精度はそれぞれは98％、90％以上と極めて高いので、総合商社の危険負担の程度は低い。精度が低い自動車アセンブリメーカの場合には、総合商社の危険負担は高くなる。）このときアセンブリメーカからは11月と12月分についてもローリングされているので、これに基づいて11月と12月について総合商社は銑鋼一貫メーカに対してローリングする。11月についてはもう一回自動車アセンブリメーカからのローリングがあってはじめて、そのときの契約残を考慮に入れて、銑鋼一貫メーカと契約（発注）する。

○総合商社が銑鋼一貫メーカに指示を出して自動車アセンブリメーカへ納入させることについて：

　銑鋼一貫メーカ ST1000 から AM1000 九州工場（ここで九州工場と書いたが、厳密には独立法人格である。）への納入の場合、総合商社から ST1000 へ n-3 日に n-1 日（組立日）納入を指示する（リリースを n 日とする）。この後、n-1 日に「かんばん」納入が行われる。「かんばん」での納入は ST1000 が AM1000 から納入指示を受けてから「指示後 8 時間納入」で行われる（自動車アセンブリメーカでは 1 日 2 直の 1 直 8 時間勤務であるので 1 日 2 回納入となる[*1]）。

9.1　WS2000

　世界的に極めて精度の高い 3 ヵ月内示（の毎月のローリング）をサプライアーに与えている自動車メーカ AM1000 から、1998 年 10 月現在で、1 ヵ月確定発注を最後として、N-2 週の確定発注は受けないで済ますことを考えているとの教示をこの総合商社からは受けた（同じ趣旨の記述が WS3000 における「○打ち切り、新車立ち上げのときの情報管理」にある）。これには説明が要る。3 ヵ月内示のローリングとは、第 1 章で説明したように、次のように同じ月が 3 回でてくる。例えば、10 月に照準を合わせよう。先ず 7 月下旬に自動車メーカから 8 月、9 月そして 10 月についての納入内示が与えられる。次いで 8 月下旬に 9 月、10 月そして 11 月についての納入内示が与えられる。そして── 10 月に読者は照準を合わせているのであるから ── 9 月下旬に 10 月 1 ヵ月分について毎日納入すべき品番と量を明記して、しかしながら、11 月と 12 月については 1 ヵ月の車種毎の総量を内示として与えられ

[*1] この「指示後 8 時間納入」は 2001 年に著者が ST1000（厳密にいえば、ST1000 設立のソリューション会社であって、この会社は 2002 年には東京証券取引所第 1 部に上場を果たした。）を訪問したときに実現していた。1996 年時には「指示後 24 時間納入」すなわち 1 日 1 回納入であった。

る。この9月下旬に与えられる10月分をWS2000では1ヵ月確定発注と呼んでいる。しかしながら、本書（具体的には、第1章と第2章）では、N-2週に与えれるN週1週間の日毎に納入すべき品番と数量を確定発注と呼んでいる。そしてついでながら、「確定発注から生産まで」を小節として設けて、1ヵ月内示（＝1ヵ月確定発注）から日毎の生産までの論理を実証データから裏付けている（第1章「サプライチェーンの情報構造 — 論理展開 —」）。

9.1.1　銑鋼一貫メーカと自動車アセンブリメーカの間に立つ総合商社の役割

(A) 鋼材発注：WS3000における発注残管理を見よ。
(B) 鋼材納入：WS3000におけるデリバリー管理を見よ。
(C) 在庫費用：
- 適正在庫の常時保管－「かんばん」対応可能。銑鋼一貫メーカと総合商社とユーザーがon lineでつながっている。総合商社の社員1人で400〜500明細（＝ spec × サイズ）を担当する。

(D) 進捗フォロー：銑鋼一貫メーカが果たすべき役割の一つである進捗管理を総合商社の社員がフォローする。
(E) 自動車メーカ生産変動への対応：
- 自動車メーカの生産増減に伴う、使用量変動への対応 — 銑鋼一貫メーカへの調整など

(F) モデルチェンジ対応：
- テスト材・サンプル材の手配：
- 円滑な材料切り替え対応
- 生産打ち切り計画によるdead材の防止

(G) 余剰材対応：
- 余剰材の加工転用・転売（少な目には持てないので）。逆にうち切りのときには、購買部だけを相手にしているのではいけない。製造部や生産技術部へもコンタクトをとっていないといけない

(H) 品質管理：
- （納入前の水際での不良材 reject については、ミルもしくはコイルセンタの役割であり、商社対応事項ではない。）
- 顧客先での選別など。ただし、選別については、コイルセンタが現場対応、鉄鋼メーカが調査・補償対応、商社は調整役というのが一般的。もちろん、鉄鋼メーカ、商社、コイルセンタが協力して、選別等のクレーム対応に出向くのが大原則。
- 自動車用よりも家電用方に総合商社の役割が多い。外観に問題はないかなど。

(I) クレーム対応：
- 早期内容把握 および 関係者への報告および代品手配、その後のクレーム処理件数は少ない。

(J) 原価低減対応：
- 「原価低減対応」というと、やはり鉄鋼メーカの役割とのイメージが強い。物流合理化、歩留まり改善、グレードダウン 等、発注のアソートメント（＝取り合わせ）、VA(value analysis)、VE(value engineering) 等の提案が商社の役割。実際の対応は、鉄鋼メーカあるいはコイルセンタ。

(K) 緊急対応：
- 緊急事態発生時の納期調整、その他、非常時の迅速な対応。
- 急に生産が増えたとき。
- ユーザー（＝顧客）において金型の調子が悪いので、別の仕様を作りたい。ついてはその注文を貰うために、迅速に対応する。

【★ノート★】
○ 生産・製品について
- 1980年代半ばから、ユーザーによって仕様が違ってきた。納期管理の精度が年々改良されてきている。
- 自動車、家電などのユーザはボトルネックの部品で、生産計画を立て

ている。
- 衝突への対応として、製品の強度が求められる（High Tension）。しかしながら、板厚は薄いことが要求される。ここ2～3年は規格統合で動いている（自工連、鉄鋼連）。
- 機能部品 ユーザーが自分の仕様をつくって銑鋼一貫メーカに要求する。

○ 決済
- この WS2000 から取引の決済の実態について多くの質の高いデータを賜った。しかしながら、銑鋼一貫メーカ ― WS2000 ― 得意先メーカ（自動車と家電）の決済が得意先によって異なるので、公表しない。

○ 取引
- 自動車メーカは、7 割は銑鋼一貫メーカから直接コイルで仕入れて使う（商流ではなく、物流の意味で）。
- 家電メーカはコイルセンタを経る。
- 鉄鋼一貫メーカら出荷した時点で、WS2000 勘定になる（買いが立つ）。
- WS2000 からユーザの工場に入れた時点ではじめて（…ということは、輸送は WS2000 の責任であることを意味する）、売り上げとなる。

○ マーケティング
- 間接
    - より安い仕入先を探す（得意先のエージェントとして）。
    - 鉄以外でもマルチに対応する。
    - ユーザが海外展開するときのマーケティング
        - サプライビリティ（下請け） ― 供給の問題（現地での供給源をみつける）。
        - （商社の独自資本で）コイルセンタを作る等、ユーザーが transplant した後、コイルセンタを作って、納期管理も含めて、日本と同じ環境を作る。

9.1 WS2000

- 米国では、物流のところ（ウエアハウザ）がやっている。
- 日本ほどきめ細かくない。（米国においては、納期と品質管理については、日系のサービスセンタ、コイルセンタが優れている。）

【★ノート（WS2000 の有するコイルセンタ ― スチールセンタ）★】

- ○ コイルセンタ：このコイルセンタは WS2000 が 60%以上、ST1000 とその系列メーカが約 30%以上の共同出資。
  - コイルセンタはメーカか商社か：
    - メーカとも考えられる
    - 商社として付加価値をつける
    - 全国に、他の商社系列、銑鋼メーカ系列も合わせて 150 社、関東 65 社。
  - ユーザの pre 行程（前行程）としてのコイルセンタ（銑鋼一貫メーカの下工程を分離して受け持つ）
  - 銑鋼一貫メーカ系列
  - 商社系列
- ○ 取り扱い製品
  - 厚い（6.4 mm）熱間圧延〜薄い（0.25mm）冷間圧延 の鋼板を扱う。
  - 自動車、建材、家電用
  - スリット：この装置で帯状に分けて作る。
    - 全国的に多い。
    - ユーザで使うときにロスが出ない。
  - レベラー：この装置で板に切る。
  - 切るもの：円盤状の 15〜10mm の刃。
  - 溶接、塗装 ― ガソリンに強い（耐指紋性）
  - レベラーは 1 line 3 億円であり、今後はメーカがスリッタ、レベラー等を持つことはないであろう（社長談）。

- 多品種小ロットかつ加工賃が安い（加工賃はトンで計る。原則として枚数ではない）
    - specification & size(thickness & dimension)
- 輸送も少ない量を運ぶことも出てきた。
- 昔は大きなもの（大きなものを買うから、赤字となる小さいものも買うということで作る必要があった）が、今は、小さなものが主。

○ 納入先
- 近辺のAM1000、AM2000、AM3000、AM7000、AM8000そしてAM9000のTiers 2あるいはTiers 3へ。（AM6000には納入していない。）
- コイルセンタは、倉庫を持っており（メーカのものを預かっている ── 例：ST1000から自動車メーカのうちで、3ヵ月内示の中で毎月のローリングによって精度があがるのではなく、第1章1.2節「その三：乗用車にはその三がある。」として叙述されているメーカの中の1社であるが、そのメーカへ納入するコイルを一時預かっている。4,000〜5,000トン）。ユーザからの要請にJIT (Just In Time) に答える。
- 自動車メーカの要求する板厚仕様が1960年代には小数点以下1桁であったものが、1980年代後半から、2桁になってきた。しかも自動車メーカによって異なる。このように板厚仕様が厳格になると、shearing line（レベラー ライン）の目的である歪みの許容度が厳格になる。なお、注目すべきことは、自動車工業会は板厚を統一する方向になっていることである。ただ著者としては、1998年の訪問以降、これについて調査をしていないことを告白しなければならない。

○ 受注
- 3ヵ月内示 ── 1ヵ月（ローリングした直近の月）に、このサイズをいくら── 直近（1週間 … N-2週のことである）。
- 受注先：ダイレクト（顧客から）、WS2000それにWS2000以外の

　　　　商社の、3 ルートあり。
　　・ 割り込みの問い合わせには、すぐに返答できる（ほとんど全部受ける。無ければ他のコイルセンタへ注文）。
○ コイルセンタの機能
　　・ 受託（賃加工）：1 トン切断するといくら
　　・ ひも付き（鉄鋼メーカからユーザへ用途を指定している）
　　　　・ メーカ → WS2000 → コイルセンタ → WS2000 → ユーザー（契約の主体は、鉄鋼メーカとユーザーであり、コイルセンタは加工・流通の担い手として機能している。WS2000 からコイルセンタが買う。WS2000 に売り戻す。）
　　・ 店売り（コイルセンタのリスク（勘定）で）
　　　　・ JIS 規格もの
　　　　・ 額で 2～4 割の売り上げ
　　　　・ 食缶：傷に対する検査は厳しい（コイルセンタ ⟶ 鋼鈑メーカ ⟶ 製缶メーカ

9.2　WS1000

【★ノート★】
○ 自動車用鋼板 ： 冷延・熱延・表面処理・厚板
　　・ 鉄鋼製品と商社
　　　WS1000 はある銑鋼一貫メーカと共同出資でコイルセンタを設立して運営している。また、自動車メーカ AM5000 と共同出資でコイルセンタを、また銑鋼一貫メーカである ST1000、自動車メーカ AM2000 と WS1000 の 3 者の共同出資でコイルセンタを設立して運営している。
○ 契約
　　・ 7 月に契約 → 8 月ロール（圧延）→ 9 月在庫 → 自動車メーカで使

図 9-1 鉄鋼製品と商社

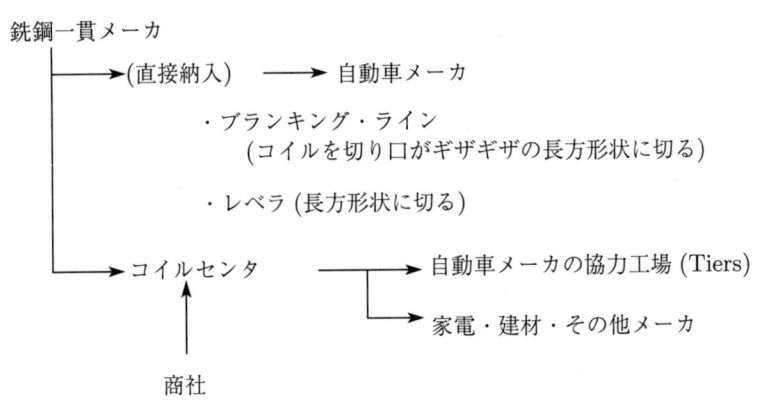

```
銑鋼一貫メーカ
    ├──→ (直接納入) ──→ 自動車メーカ
    │         ・ブランキング・ライン
    │           (コイルを切り口がギザギザの長方形状に切る)
    │         ・レベラ (長方形状に切る)
    │
    └──→ コイルセンタ ──┬──→ 自動車メーカの協力工場 (Tiers)
              ↑         └──→ 家電・建材・その他メーカ
              商社
```

われるのは 10 月以降

- 「10/11 積み」という。7/20 に自動車メーカ、鉄鋼メーカと WS1000 が契約（支払い責任あり）する。図 9-2 は、契約から自動車メーカへの納入に至る過程を示す。

図 9-2 契約・発注と納入

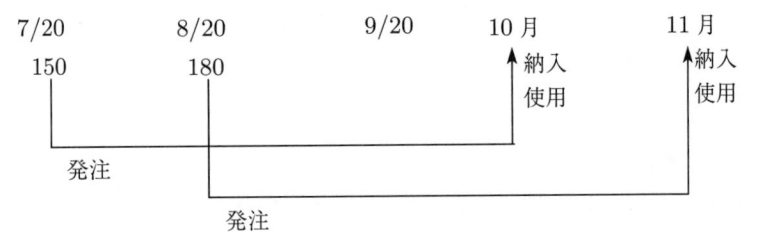

```
7/20      8/20        9/20       10月        11月
150       180                    ↑納入        ↑納入
 │         │                      使用         使用
 └─発注────────────────────────────┘
           └─発注──────────────────────────────┘
```

- 国内 冷延
  北米 GA60g
  EU   GA45g

合計	地域	予定	変更
10000	国内	2000	3000
	北米	4000	3000
	EU	4000	4000

○ 自動車メーカにより、材質が異なるので、商社で複数の自動車メーカ分をまとめて取り扱うというわけにはいかない。

9.2 WS1000

○ 自動車メーカ AM4000・商社・コイルセンタ・倉庫

図 9-3　自動車メーカ・商社・コイルセンタ・倉庫

自動車メーカ：前週の水曜午後にブランキングとプレスのスケジュール決定
（工場内）

商社：金曜日に WS1000 から AM4000 へ回答を出す

コイル納入指示
（木曜日午前中）

鉄鋼メーカ　製鉄所コイルセンタ・倉庫
Fax(98/10 より on line 化)

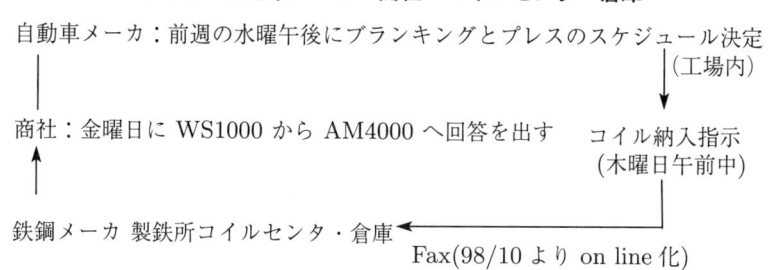

・例：AM4000 向けのある品番 0.8 × 1500 × C（0.8 は厚み）、1500 は 15kg/台（C はコイル長）。納入して、8 時間後にブランキング、その 24 時間後にプレス。

	9/28	9/29	9/30	10/1
am1(8〜10)	4.55			
am2(10〜12)			10.5	
pm1(13〜15)	10.3			
pm2(15〜17)				11.5

・am1(8〜10) は、午前 8 時から 10 時の間を意味する。

・単位：トン

○ 協力工場（Tier 1）の場合

図 9-4　自動車メーカ・協力工場（Tiers）

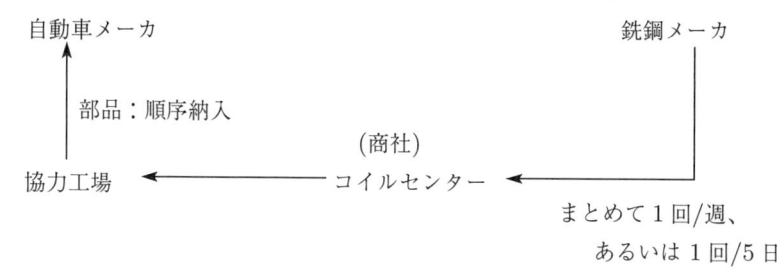

自動車メーカ　　　　　　　　　　　銑鋼メーカ

部品：順序納入

（商社）

協力工場　←　コイルセンター　←

まとめて 1 回/週、あるいは 1 回/5 日

○ 在庫回転期間：約 1 ヵ月

○ WS1000AGIC (WS1000 Automotive Group Integrated Control Sys-

図 9-5　在庫回転期間

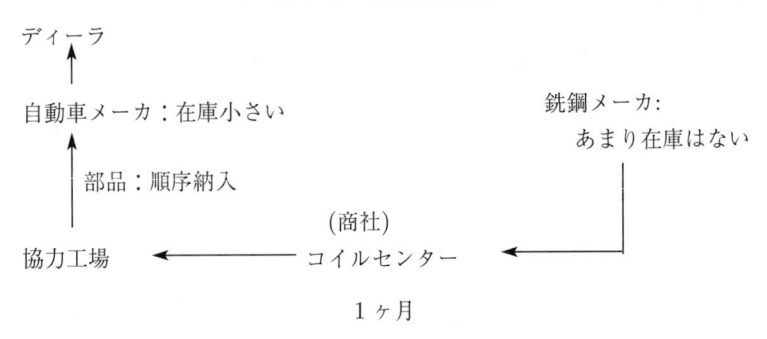

```
ディーラ
  ↑
自動車メーカ：在庫小さい              銑鋼メーカ：
  ↑                                    あまり在庫はない
  部品：順序納入                          ↑
                    （商社）
協力工場　←────　コイルセンター　←────
                    1ヶ月
```

tem)：台湾、タイの Ford でも、上の WS1000 のシステム（図 9-3、図 9-4、図 9-5）が利用されている。

○ 銑鋼一貫メーカが"もの"をつくりはじめてから、商社が買い取って、最後に自動車メーカに行くまでに 3 ヵ月＋1 ヵ月（この 1 ヵ月は商社在庫）とみて良い

○ この WS1000 はヨーロッパの 6 銑鋼一貫メーカから鋼材を買っている。AM4000 の海外工場に納めている。

9.3　WS3000

【★用紙記入★】自動車のルーフやボディとして用いられる薄板について、総合商社はどのような役割を演じているか？　これについて、WS3000 の担当責任者から以下のような教示を受けた。役割の中心は、「どのようにして銑鋼一貫メーカとの間の適正な契約残と自社在庫率を保って自動車メーカにおける生産変動に対応するか」である。

1. 発注残管理
   (a) 目的：生産変動の増減を吸収し、適切な発注量を決定し、生産に必要な材料を確保する
   (b) 発注残とは：

- 一般的：在庫量（流通、製鉄所）、製造仕掛量、未製造（未ロール）量の合計。
- 狭義：上記より在庫量を除く等の定義による。

(c) 発注量決定要素（以下のもの等）
- 上記契約残（＝発注残）と使用（納入）予定
- 品種毎の製造工程日数：対象毎による製造チャンス等（製造側）
- 輸送日数（工数）：製鉄所から客先への製造形態
- 対象材の保有する特徴（使用側）：入手難

2. 発注方法（現行）

(a) 発注明細量の決定 … 特定の得意先とロール会議資料に基づいて発注会議を実施

(b) ロール会議資料 … 契約残（発注残）と使用予定のバランス表

(例) 3月契約、4/5月積（4月製造、5月完成品在庫とするか出荷）、2月末発注会議

◇1月末契約残（発注残）

在庫	ロール済み仕掛	3/4月積分
鋼材倉庫		
流通		
製鉄所		

◇自動車メーカにおける鋼材使用予定

　　1月末発注会議　2月予定　3月　4月　5月　6月
　　　　　　　　　　↓　　　▼　　▼　　▼
　　2月末発注会議　2月予定　3月　4月　5月　6月

- 2月末発注会議での2月については中旬までの実績と、2月後半の予定
- ▼：3月、4月については最新に変える（使用予定鋼材の3ヵ月ローリング）。5月については「予想」が内示に変わる。
- 6月の↓:予想（見込み）

- 2月末に発注会議（枠取り）
- 5月に発注することを前提として、枠取りをする：
  熱間圧延　5月中－6月中旬まで
  冷間圧延　6月下旬まで
  メッキ　　6月中旬－7月中旬まで
- 生産計画変動の吸収：
  - 1月中旬時点（最新）での2,3,4月使用予定と2月中旬時点（最新）での2月実績、3,4月使用予定との差が4/5積み発注にて調整される

3. デリバリー管理（製造ロール管理）
  (a) 目的：生産計画の変動による鋼材使用量の増減を吸収し、生産（使用）予定に合わせて必要な材料を適切な在庫率を維持し供給する。
  (b) デリバリー管理とは
    - 日々のデリバリー（Aランク材「かんばん」対応）管理。
    - 当月のデリバリー管理。
    - 次月のデリバリー管理。
    - 3ヵ月後のデリバリーのための製造（ロール）指示管理。
    - 以下、デリバリー管理概要並びに月次スケジュールの具体化については省略する。

【★ノート★】以下は自動車についての叙述である。家電については自動車に続いて述べられる。
  ○ スピードが重要
  ○ 高炉メーカの方向
    ◇ 生産効率を上げる（一品生産要求に対処するために、小ロット生産が現実になっているので、これに対応する）。
    ◇ 期間短縮
    ◇ 在庫圧縮
  ○ 車：設定台数（メーカ）→ 生産変動（新車効果が長続きしない）（売出

図 9-6 スピード

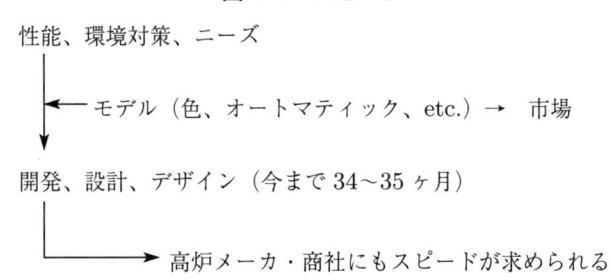

性能、環境対策、ニーズ
　　　↓
　　　← モデル（色、オートマティック、etc.）→　市場
　　　↓
開発、設計、デザイン（今まで 34〜35 ヶ月）
　　　↓
　　　→ 高炉メーカ・商社にもスピードが求められる

し 2〜3 ヵ月で、当初予定していた台数が変更される。）
- ◇ 軽量化（素材、構造）
- ◇ テイラード・ブランク：強度（板厚、材質）の違うモノを溶接して、それをプレスして作る。

○ （自動車メーカと高炉メーカ）
- ◇ 日本：自動車メーカが要求し、高炉メーカが開発する。
- ◇ 米国：高炉メーカは同じものを出して、自動車メーカが工夫して使う。（アルミについても、日本：アルミのユーザがそれぞれ使い勝手の良いアルミの仕様を要求する。米国：スタンダードなアルミを各アルミユーザが自社用に使いこなす。）

○ 乗用車メーカ、高炉メーカそれぞれの文化がある。
- ◇ 高炉メーカのミル（圧延工程）を出た時点で、どの自動車メーカ（AM アセンブリーメーカ）に納入されるものかが確定する（AM の勘定になるか銑鋼一貫メーカーの勘定になるか、総合商社の勘定になるかは、AM によって異なると著者は、調査から得た知識を基に考えている。）
    - ・ WS3000 の中継基地のものは、WS3000 勘定の在庫であるが、高炉メーカの供給責任のもので、WS3000 は他に回せない。
- ◇ 銑鋼一貫メーカ
    - ・ 当月分については、日々の使用予定（使う日の 2 日前の午前中にオーダー）を自動車メーカ（から WS3000）に出してもらう。

図 9-7　指示・出荷

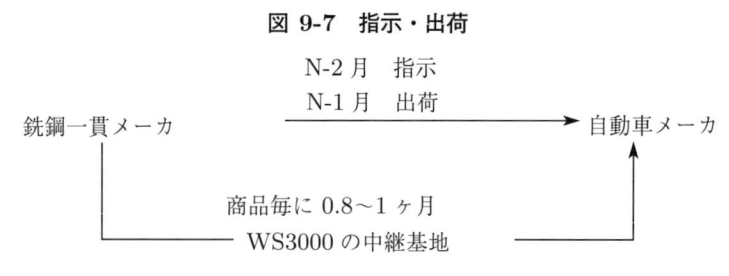

```
                    N-2月　指示
                    N-1月　出荷
  銑鋼一貫メーカ ─────────────────────→ 自動車メーカ
        │                                    ↑
        │      商品毎に 0.8〜1ヶ月             │
        └──── WS3000 の中継基地 ──────────────┘
```

（自動車メーカによって出してくれる日が違う。）

○ 打ち切り、新車立ち上げのときの情報管理が重要
    ◇ 自動車メーカが供給サイドへきちんと出す。
    ◇ 精度の高い内示（内示、内々示、3ヵ月内示）を出す。
        ・ 契約ではなく、自動車メーカに引取責任はない。
    ◇ AM1000 ─(内示)→ WS3000 ─(発注)→ 高炉メーカ
        ・ 発注は厳密ではない。お互いに、事情が分かっているので融通し合う。
    ◇ （日本自動車メーカ AM1000 からいわれていること。「生産打ち切りのときには、正確な情報を渡す。常は精度の高い内示を出す（3ヵ月内示のローリング）ので、確定発注はやめにしたい。」

○ WS3000 勘定（銑鋼一貫メーカのミル（圧延工程）に乗っているものも含めて）の在庫：1ヵ月
    決済：略

☆**ここ以降は鉄鋼部門で伺った電機関係の話（上記は自動車関係の話）**
＜商社申込み量算定時＞
　全体の取引パートナーズは次のような構成になっている。
・ 銑鋼一貫メーカ・銑鋼一貫メーカのサービスセンタ：以下では、ここまでを銑鋼一貫メーカと呼ぶことにする。
・ 総合商社・コイルセンタ：ここまでを総合商社と呼ぶ。
・ 部品メーカ（Tier 1, Tier 2 の区別はこの面接調査ではつかない。）
・ 電機メーカ（アセンブリメーカ）：以下では、ここまでをメーカと呼ぶ

ことにする。

(1) AM（アセンブリメーカメーカ）から1ヵ月台数、3ヵ月台数、6ヵ月台数の生産計画が総合商社と部品メーカへ送られる。各部品メーカはみずからの製品在庫を考慮に入れて総合商社へ所要量を申し込む。

総合商社としては、メーカ在庫がタイトであるときには、広幅材を多く銑鋼一貫メーカへ申し込んで、AMの納期に間に合うように部品メーカをサポートする。

(2) AMはゼロ管理を原則としており、AM、部品メーカは積月管理、またAMにおける1ヵ月台数に必要な部品の3ヵ月ローリングの、例えば、6月に7月、8月、9月に生産すべき部品の仕様とそれぞれの個数を内示として総合商社に与える。そして、7月には、8月、9月、10月に生産すべき部品の仕様とそれぞれの個数について、製品在庫分を反映した修正個数を総合商社に与える。8月には、9月、10月、11月に生産すべき部品個数を、製品在庫を反映して、7月に総合商社に与えたのからみれば、修正して総合商社に与える。これで、9月に部品メーカが生産すべき仕様（複数）とそれぞれの仕様の個数分の生産台数について最後の内示が出たことになる。総合商社はAMのゼロ管理と部品メーカの積月管理の間を調整する。

(3) 材質毎の特性（工期、出鋼チャンス ── 銑鋼一貫メーカの製鋼工程への投入サイクル ── ）を反映させることによって、在庫リスクの縮減に努める。

(4) モデルチェンジ時に余剰材が発生するのを防止する。部品メーカからは10トン単位の申込みである。総合商社は、他の得意先やコイルセンタへ振り分けることを考慮して発注する。

(5) 台数や部品個数の発注がない場合には、過去の経験値で銑鋼一貫メーカへ申し込む。この時は、総合商社が在庫リスクを負うことになる。

＜使用予定＞

(1) 銑鋼一貫メーカによる荷揃えが遅れた時には、他工場材を転用したり、

他AMや他部品メーカの用いる材を充てられないかを検討して、対応する。
(2) 短納期発注時（緊急増産）の他社向けミル（圧延）在庫の振り替え依頼。
(3) 余剰材の転売。
(4) 小ロット注文に対する（総合商社による）在庫機能。
(5) 総合商社はそれぞれの得意先AMの用いる鋼材から選定して重要でよく使われる鋼材を該当する得意先向け母材として重要視している。この母材幅を選定する（複数製品サイズの生産変動に応じて母材幅を変更する。）

○ 電機の場合
- 生産計画のない（開示していない）工場が半数ある。このことを電機メーカからいえば、内示をしていなくても、部材が必要なときに入ってくることを意味する、と著者は、電機メーカへの面接から考えている。
- 計画を台数か金額で組む。
- 計画については、次の4通り
    (a) ない
    (b) 1ヵ月だけ
    (c) 3ヵ月
    (d) 6ヵ月
- 商社機能：No1：台数、機種毎の台数（洗濯機、4Kgタイプ○台、5Kgタイプ△台、6キロタイプ□台）から、トン数を算出し、高炉メーカに発注。
- 商社機能：No2：(a)、(b)の場合、実績値による推定
- (c)、(d)の場合、商社リスクで発注。

○ ユーザ（AMアセンブリメーカ）はゼロ管理、メーカ（部品メーカ）は積月管理
- 銑鋼一貫メーカへの申し込み

9.3 WS3000

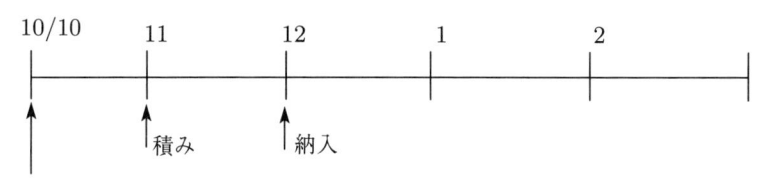

図 9-8 銑鋼一貫メーカへの申し込み

```
10/10   11      12      1       2
 |------|-------|-------|-------|
 ↑      ↑積み   ↑納入
```

銑鋼一貫メーカに申し込み
　10月契約は、11/12月積み (11月にロールを巻いて、12月に納入)

申し込み月	ユーザ	商社	銑鋼一貫メーカ
10 月	10t	10t	7t (7t でも完了：残ないと考える)
11 月	10t	10t	13t
12 月	10t	10t	7t
1 月	10t		16t

- 10月申し込み分は1月に使われる。(11月申し込み分は2月に、12月申し込み分は3月に使われる。) 1月に、ユーザが使用する10tのうち3t不足となる。
- 商社は11月に13tを生産指示する。うち、3tを10月不足分 (すなわち、1月納入に間に合わせる) に充て、残りの10tをユーザが2月に使用する。
- 1月の16tを12月不足分3t (すなわち、3月納入に間に合わせる) と1月に残りの1tを回す。
- 1月から単価が変わる。

○ ユーザと銑鋼一貫メーカの差を埋めるのが商社の役目。
　・ 価格改訂時の得意先と仕入先のリスクを回避。
○ 車と比べて、家電は細かい"もの"が多い。モデルチェンジが速い (材料調達の方法の違い)。
○ 決済
　・ ST1000と商社の間は、どのユーザ向けの"もの"でも同じ。
　・ ユーザと商社の間は、ユーザ毎に異なるが、ユーザ内は (洗濯機でも冷蔵庫でも) 同じ。
　・ 銑鋼一貫メーカと総合商社の間：略
　・ 総合商社と電機メーカの間：略

・電機メーカ在庫：略
・自動車メーカ在庫：略

第10章
Information-Oriented Gantt Chart

10.1　1993〜1994年訪問　銑鋼一貫メーカ3社

　乗用車のボディになる冷間圧延鋼板の銑鋼一貫メーカにおける基本工期は4ヵ月である。顧客が生産のために使う月をN月としよう。本社は、N-3月に商社から注文書を受け付ける（本社のデータベースに入る）。ほぼ同時に同じ情報がメーカからも入る。これに基づいて注文処理（販売条件チェック、技術スクリーニング、生産能力検証、どのミル（製鉄所）を選ぶか）を行って、選んだミルに投入（生産指示）する。ここまではN-3月に行われる。次いで、製鉄所では、旬計画、生産命令（出鋼計画、圧延計画、各工程の能力検証）と生産（出鋼、熱間圧延、酸洗、冷間圧延、焼き鈍し、表面処理など）を旬か週サイクルで行う。ここまではN-2月である。同じく製鉄所は、N-1月に生産計上と荷揃えを行う。ST1000では約1ヵ月の在庫を持つことにしている。そして在庫から出荷する。
　アセンブリメーカには乗用車のボディになる冷間圧延鋼板がコイル状で納入される。この鋼板がブランキングされてプレスされる。ここで何時間か貯めおかれる。すなわち、何時間ロットかで打たれるわけである。一方、地区販売会社からの仕様変更がリリースの何日か前に入ってくる。この仕様変更

表 10-1　各工程でのロット集約条件

出鋼	鋼種（出鋼条件） ・成分 ・特殊精練要否など
連続鋳造	鋼種 ・スラブ連続鋳造幅
熱延	コイルサイズ（幅） ・スラブ加熱温度 ・厳格材（ゆっくり圧延する） ・特殊鋼（電磁鋼、ステンレス鋼など）
冷延	規格（＝ 材質 ＝ 硬さ） ・サイズ（厚み、幅） ・表面仕上げ（暗さ、輝度 など）
焼き鈍し	規格・材質（用途）。これによって焼き鈍し方が異なる。 ・炉の稼働予定
精整	サイズ（厚み、幅） ・疵検査・塗油 など

を受けてプレス後貯め置かれていた鋼板が次の工程である板金工程に引取られる。以下リリースまで何日間かは細かいロットで流れる。

　乗用車の冷間圧延鋼板は同じグレードでもメーカによって仕様(規格)が異なる。ST1000 の場合であるが、受注規格数は、厚板、熱間圧延鋼板、冷間圧延鋼板、形鋼、棒鋼、線材、鋼管、表面処理材料などを含んで月平均で 600 前後と多い。しかしながら、特別仕様はこの数倍にのぼる。このうちから熱間圧延鋼板と冷間圧延鋼板のサイズ数は合わせて、厚みと幅の組み合わせで 5,000 弱にのぼる。

　銑鋼一貫メーカにおける工程は表 10-1 が示すように、出鋼 ─ 連続鋳造 ─ 熱間圧延 ─ 冷間圧延 ─ 焼き鈍し ─ 精整、から成る。

　上の各工程におけるロット集約上の心得は三つの点に集約される：第 1 は種々の注文を製造条件に合わせて集約すること、第 2 に納期を勘案してロットに集約することそして第 3 は旬あるいは週が 1 単位になることである。この最後の第 3 は転炉の容積から見た 1 日当たりの平均出鋼回数で出鋼鋼種

数を除して得られる能力を表す。1回（1チャージ）当たりの出鋼トン数の10%から14%が月平均の同一ユーザー同一規格の受注トン数である。1受注当たりの小ロット化は急激で、これを1975年における1受注当たりのトン数を100として1990年を見ると、冷間圧延鋼板について50〜60に小さくなっている。熱間圧延鋼板についてはこれほどに小さくはなっていないが、亜鉛鋼板とブリキについては一層小さくなっている。（以上は銑鋼一貫メーカST1000のデータに基づく。）

冷間圧延鋼板の本社受注から本社における事務処理、製鉄所における事務処理、生産工期、製鉄所在庫までの時間的長さは1994年現在で、筆者らの訪問した3社において、60日前後であった。本社事務処理は注文受付、契約条件チェック、技術条件スクリーニング、投入明細選択、生産能力検証と製鉄所配分そして生産指示（投入指示）から成る。製鉄所における事務処理は製品仕様チェック、在庫引当て（これは冷延在庫から熱延在庫さらには出鋼後のスラブ在庫さらには出鋼予定へと遡る。）、製造工程別旬・週計画、出鋼命令作成そして生産命令から成る。ここまでで約10日である。表10-1の一連の工程の時間的合計を生産期間とすると、生産期間は20〜30日である。また、冷間圧延鋼板の完成品在庫は20〜30日であった。この20〜30日のうちの3分の1は顧客（需用家）の納入指示待ちと需用家の側における使用計画の変更に起因する。なお、この20〜30日はあくまで平均であって、在庫日数は1〜10日から3ヵ月超まで分布していることは注意を要する。さらに上の20〜30日に物流センタ在庫（中継地在庫とよばれる。）が加わる。これも平均7日前後に対して0〜10日から3ヵ月超まで分布している。

銑鋼一貫メーカの本社は月次生産計画をたてるときに納期が全て分かっているわけではない。ところでこれは訪問した銑鋼一貫メーカ3社の全てに当てはまることであるが、同じ銑鋼一貫メーカにおいても製鉄所によって生産管理の考え方 ― したがって仕方 ― は異なる。ST1000では10日サイクルで投入する。4月1日〜10日に投入したら、5月1日〜10日にできるようになる。この製鉄所の薄板の工程は、冷間圧延工程からコイルとしての完成まで7〜10工程を経て完成する。この7〜10工程の組み合わせの数が50〜

70に達する。複数ライン／工程すなわち、設備の組み合わせが50～70ある。事務工期、生産工期も含めて、時間の短縮が重要である。以下はこの製鉄所における事務工期と生産工期短縮の努力である。

Information-Oriented Gantt Chart（IOGC）：

これは1994年2月に薄板工程（冷間圧延工程から完成まで）について完成した。ロット、仕掛推移それに供給線の三つからなる。この最後の供給線については、今日薄板工程（冷間圧延工程）に投入されたロットがどのようなラインを通過して薄板として完成するかという線とすなわち左（冷間圧延工程）から右（完成）への線と、反対に、右から左へ、何月何日にかくかくの仕様の薄板をどれだけのロット完成させなければならないとしたら、何月何日に冷間圧延工程に材料を投入しなければならないかを描く二つがある。

このガントチャートは何ヵ月先まででも作れるが、だんだん精度が悪くなる。毎日の実績に基づいて修正していく。従来は2日分作るので精いっぱいであった。顧客（需用家）への情報 turn around time が即座になった。

10.2　1996年訪問　銑鋼一貫メーカST1000

著者は1996年にST1000の同じ製鉄所を再訪した。著者の訪問目的はIOGCのその後の発展状況を知ることであった。前回訪問時に完成していた冷間圧延工程から自動車のボディや家庭用電気洗濯機の側板に使われる冷間圧延鋼板の完成までの供給線を熱間圧延工程（熱間圧延と書いて、熱間圧延鋼板と書かないのには理由がある。冷間圧延鋼板も熱間圧延工程を通るのであるが、レール、鋼矢板さらにシームレスパイプも熱間圧延工程を通るのである。このように、製鉄所の製造工程は複雑である。）へ、さらには製鋼工程へと延伸している状況を知ることであった。

さて、製鋼・熱間圧延～薄板一貫スケジューリングが導入されてからは、アクションをとるときにコストを予測している。製鋼・熱間圧延と薄板の間

10.2 1996年訪問　鉄鋼一貫メーカST1000　　217

に上りスケジューリングと下りスケジューリングが交わされる。

図 10-1　製鋼・熱間圧延〜薄板一貫スケジューリング
—— IOGC が熱間圧延にまで延伸されて以後 ——

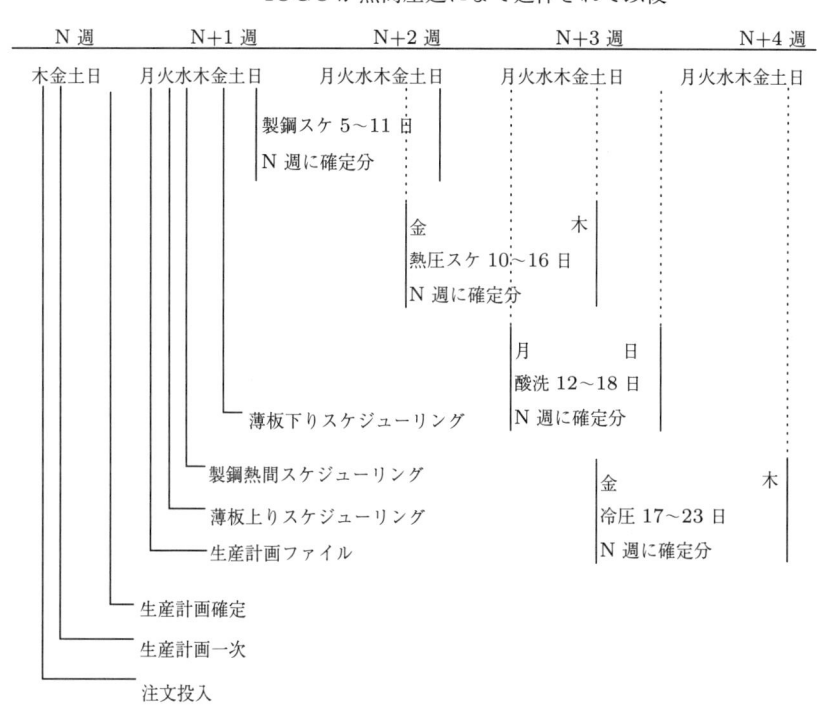

```
    N 週        N+1 週       N+2 週        N+3 週        N+4 週
  木金土日   月火水木金土日  月火水木金土日  月火水木金土日  月火水木金土日

                          製鋼スケ 5〜11 日
                          N 週に確定分

                                       金              木
                                       熱圧スケ 10〜16 日
                                       N 週に確定分

                                                  月        日
                                                  酸洗 12〜18 日
                                                  N 週に確定分

               ├────────── 薄板下りスケジューリング
               ├ 製鋼熱間スケジューリング           金         木
               ├ 薄板上りスケジューリング           冷圧 17〜23 日
               ├ 生産計画ファイル                 N 週に確定分
         ├ 生産計画確定
           ├ 生産計画一次
             └ 注文投入
```

　薄板上りスケジューリングと薄板下りスケジューリングは IOGC 導入前からあった。しかしながら、導入前は、薄板工程から1週間分の量だけを要求した。これに対して、導入後は全銘柄について何月何日に作業するように薄板工程から要求する。

　○ 薄板上りスケジューリング：
　　　薄板工程（冷間圧延工程）から厚板工程（熱間圧延工程）と製鋼工程に対して、全明細について、何月何日（週間日別）に作業をするように要求する。ここで全明細とは全銘柄を一個一個のコイルに分解したもの

である。なお従来は、薄板工程からは1週間分の量だけを要求した。
○ 薄板下りスケジューリング：
　　熱間圧延工程と製鋼工程は全明細について、何月何日（週間日別）に供給出来るとスケジューリングを薄板工程に戻す。

上図における製鋼スケジューリング5日（N+1週水曜日から数えて5日後がN+1週日曜日）〜11日（N+2週土曜日）、熱間圧延スケジューリング10（N+2週金曜日はN+2週月曜日から数えて5日で、製鋼スケジューリング5日と合わせて10）〜16日（N+2週日曜日からN+3週木曜日までの5日を11に足す）、酸銑スケジューリング12（N+2週土曜日と日曜日の2日を熱間圧延スケジューリング10に足して12）〜18日（熱間圧延スケジューリングの最後の曜日木曜日に投入された厚板は翌日金曜日に完成する。この完成した熱間圧延鋼板の酸銑に2日かかるので熱間圧延の16に足して18）そして冷間圧延スケジューリング17（酸銑の最初の投入日であるN+3週月曜日から2で酸銑の最初は火曜日に完成するが、冷間圧延鋼板の開始はN+3週の金曜日に始まって1日を要するので、水、木、金の3日（にち）を足した5日（にち）が酸銑スケジューリングの12日に加えられて17日となる）から23日（酸銑スケジューリングの最後の18日に5を足して23となる。）、これを要するに、N週日曜日に策定された生産計画は23日かかって冷間圧延工程を終える。しかしながら、重要なことは、冷間圧延工程（薄板工程）とその上流工程である製鋼・熱間圧延工程との間でのやりとりが 薄板上りスケジューリング → 製鋼・熱間圧延スケジューリング → 薄板下りスケジューリング として形を成すにあたって IOGC が威力を発揮することである。その詳細が下の「製鋼・熱間圧延〜薄板一貫スケジューリング」である。

○ 製鋼・熱間圧延〜薄板一貫スケジューリング：
　1. 高炉から出た出銑からの現品単位のスケジューリング
　　　(1) 全明細を基礎に設計現品（現品とは 銘柄＝仕様 を1個1個のコイルに分解したものであって、500トンなら25個のコイルに分解される。）を媒介とした材料請求/供給不足の縮減
　　　(2) マシンによる自動スケジューリング作成 午前8時半の勤務開

始までにこれを終わる。実績を収集して、スケジューリングを10分間で作成する
    (3) 毎日の再スケジューリングによって、冷間圧延工程への注文変更（仕様変更）を熱間圧延工程に取り込む（これは例えば、N+2週の金曜日現在での冷間圧延工程への注文変更をみて、N+3週の日別の熱間圧延スケジューリング（これを日別実行スケジューリングと呼んでいる。）を変更することである。
 2. 情報の可視化
    (1) スケジューリング調整業務のビジュアル化：何を見えるようにするかの工夫そのものに意味がある。
      ・システムと人の対話： 銘柄の順序を入れかえたとき、それに関連したことがどう変わるか、人が変更したい部分をマシンが手助けしていく。「修正しなさい」と命令することによってマシンが自動修正する。

IOGCによって時間を金額に評価する。それまでは、むしろロットが大きければ大きいほどコストダウンになるというものであった。

面接調査時には、1996年3月から1日から2日分の仕掛かりを減らすように計画していた。

重要なこと： 製造実力と仕組みのどちらから生じる在庫かがこのシステム（IOGC）からいえる。1996年4月からは品種毎に通った工程（プロセス）毎にコスト計算ができる。

自動車のアセンブリメーカAM1000は、計画からの変動は少ない。しかしながら、一般的には、AM1000のようなのはまれであって、顧客サイドにおける納期と仕様の変動が大きい。そしてこの納期と仕様の変動が大きいことが、製鋼・熱間圧延～薄板一貫スケジューリングの存在意義である。ただし、上りスケジューリングと下りスケジューリングがあったのは、先に述べたようにシステム（ガントチャート）導入前からである。従来は「結果としてのコスト」であったが、製鋼・熱間圧延～薄板一貫スケジューリングが導入されてからは、アクションをとるときにコストを予測している（2001年現

在で、人による予測であって、コンピュータによる予測は出来ていない。)。

10.3　2001年訪問　銑鋼一貫メーカ ST1000

　筆者は2001年に ST1000 の同じ製鉄所に三度目の訪問をした。1996年から2001年の間に組織変更があり、訪問したのはソリューションズを業務とするために分離・独立した会社であった。冷間圧延工程は、例えば乗用車メーカにおける需要の変化に影響されて、その圧延予定を銘柄に関して変える。これについては、すでに 10.2 において述べた。

　顧客からの変更要請には日別スケジューリングを変えて納期を延ばさないで応えるのであるが、顧客の要求には3種ある。一つは、「品番を変えて貰いたい」であり、二つ目は、「量を変えて貰いたい」である。しかしながら、最後の三つ目の「納期を変えて貰いたい」が2001年現在において一番重要である。遅らせるのは比較的易しいが、早めるのが難しい。

　本社が顧客から注文を貰ったときに、納期が決まっているわけではない。国内向けは曖昧な納期でつくり始めて、途中で納期が確定する。早くなるときが問題である。何かを犠牲にしなければならない。

　顧客はみずからに入ってくる注文変動を直近まで引きつけて、製鉄所（本社ではなく、製鉄所）に、この品番をこれだけの量に変えて、納期を早めていついつにして貰いたいと要求してくる。製鉄所では、これに対応するためには、事務工期が要る。これを短縮することが必要になる。製造工期の短縮も必要になる。この二つの短縮に IOGC が貢献する。

　2001年現在、
(a) 顧客からの生産情報をこの IOGC の入り口として、
(b) 顧客からの納入指示から物流・納入までのロジスティックスを出口とする、

(a) と (b) を重視したガント・チャートにエネルギーが注がれている。そして、すでに AM1000 へは24時間間隔の納入から8時間間隔の納入へとロジ

スティックスが変化している。しかしながら、何月何日納入と決めて冷間圧延鋼板を造っているとは限らないようである。理由は、生産が在庫補充生産であることである。

　さて、著者は第 1 章で、

　　　　自動車の下位メーカは高い精度の 1 ヵ月内示を Tier1 サプライアに提示することは出来ない。しかしながら、上述の IOGC と同じシステムを採用できたならば、かれらは Tier1 サプライアにより精確な情報を与えることが出来るであろう。このことはアセンブリメーカとその Tier1 サプライアの間の関係を強化するであろう。

と述べた。これは、AM1000 や AM2000 のような 1 ヵ月の精度が 90％ を越える程に高い得意先にこの IOGC が有用であるのは勿論であるが、1 ヵ月内示の精度が低い顧客にも、Tier 1 サプライアがこの IOGC システムを装備することによって第 1 章で述べたようなアドヴァンティジが生ずるのではないかと主張しているのである。

付録 A

調査対象会社について

会社記号	会社について	訪問調査日
AM1100	乗用車アセンブリメーカ AM1000 の Tier 1	1997/11/27
AM1110	A1000 の Tier 2	1997/12/17
AM1120	A1000 の Tier 2	1997/12/17
AM1130	A1000 の Tier 2	1997/12/18
AM1111	A1000 の Tier 3	1998/01/21
AM1112	A1000 の Tier 3	1998/01/22
AM1200	A1000 の Tier 1	1998/02/26
DE5000	家庭用電気製品メーカ	1998/07/03
NP1000	Note PC アセンブリメーカ（＝セットメーカ）	1998/07/09
DE1000	家庭用電気洗濯機のアセンブリメーカ	1998/07/10
DE1000	家庭用電気洗濯機のアセンブリメーカ	1998/08/04
DE1100	DE1000 の Tier 1	1998/08/04
DE1000	家庭用電気洗濯機のアセンブリメーカ	1998/08/05
DE1200	DE1000 の Tier 1	1998/08/05
NP1000	Note PC アセンブリメーカ（＝セットメーカ）	1998/08/06
NP1400	NP1000 の Tier 1。他の Note PC アセンブリメーカにも供給	1998/08/07
AM1200	AM1000 の Tier 1	1998/09/02
AM1210	AM1000 の Tier 2	1998/09/02
AM1220	AM1000 の Tier 2	1998/09/02
WS1000	総合商社の鉄鋼製品扱い部門	1998/09/24
WE1000	総合商社の半導体製品扱い部門	1998/09/24
WE2000	総合商社の半導体製品扱い部門	1998/10/22

会社記号	会社について	訪問調査日
WS2000	総合商社のコイルセンタ	1998/10/23
WS2000	総合商社の鉄鋼製品扱い部門	1998/10/23
WE4000	半導体商社	1998/10/29
WS3000	総合商社の鉄鋼製品扱い部門	1998/10/30
WE3000	総合商社の半導体製品扱い部門	1998/10/30
CH9100	ABS樹脂メーカで、得意先は乗用車やパソコンなど多岐に亘る	1999/02/03
NP1220	NP1000のTier 2。他のNote PCアセンブリメーカにも供給	1999/02/22
CH9200	架橋材メーカで、Note PCの上流メーカ以外に他産業へも供給	1999/02/23
NP1100	NP1000のTier 1（HDD製造）	1999/09/20
NP1200	NP1000のTier 1（液晶製造）	1999/09/21
NP1210	NP1200のTier 1	1999/09/21
NP1300	NP1000のTier 1（LSI、メモリ製造）	1999/09/22
NP1310	NP1000のTier 2。他のNote PCアセンブリメーカにも供給	1999/11/04
FW1000	総合食品卸商	1999/11/05
AD1100	AM1000の地区販売会社	1999/12/26
AD2100	AM2000の地区販売会社	1999/12/16
AD5100	AM5000の地区販売会社	1999/12/16
AD1200	AM1000の地区販売会社	1999/12/16
AD4100	AM4000の地区販売会社	2000/01/20
AM1000	乗用車のアセンブリメーカ	2000/03/02
AM2000	乗用車のアセンブリメーカ	2000/06/29
AM2000	乗用車のアセンブリメーカ	2000/07/06
AM2100	AM2000のTier 1	2000/08/25
ST1000	銑鋼一貫メーカ	2001/02/20
AMUS01	日本自動車会社（AM1000）の米国立地の製造統轄会社と製造子会社2社	2000/09/06 ～2000/09/08

索　引

AD1100　223
AD1200　223
AD2100　27, 223
AD4100　223
AD5100　223
AM1000　5, 11, 22, 23, 32, 33, 35, 44, 45, 47, 51, 52, 60–72, 76, 78, 79, 81, 86–92, 131, 132, 151, 160, 168, 177, 194, 195, 200, 208, 219–223
AM1100　28, 32, 62, 65, 68, 71–73, 75–81, 86, 160, 222
AM1110　32, 65, 71, 73, 76–78, 222
AM1111　32, 73, 77, 222
AM1112　32, 77, 222
AM1120　32, 65, 79, 222
AM1130　32, 65, 70, 79, 86, 222
AM1200　32, 64, 91–95, 97, 99, 100, 150, 222
AM1210　32, 93, 222
AM1220　32, 222
AM2000　23, 26, 33, 34, 38, 44, 52, 53, 60, 61, 97, 101–103, 106, 120, 194, 200, 201, 221, 223
AM2100　26, 33, 34, 101–103, 105, 106, 223
AMUS01　16, 223

CH9100　118, 157, 158, 160–162, 223
CH9200　118, 163, 167, 169, 223

DE1000　32, 93, 108–117, 161, 222
DE1100　32, 109, 110, 112, 222
DE1200　32, 115, 116, 222
DE5000　222

FW1000　38, 223

NP1000　10, 28, 32, 35, 36, 118, 126, 145, 147, 152, 153, 156, 157, 178, 222, 223
NP1100　32, 118, 132, 134, 139, 223
NP1200　29, 32, 118, 139–142, 144, 147, 223
NP1210　144, 145, 223
NP1220　118, 147, 151, 223
NP1300　29, 31, 32, 118, 120–122, 126, 129, 176, 223
NP1310　118, 129–132, 181, 186, 187, 223
NP1400　32, 118, 151, 152, 154, 222

ST1000　119, 194, 195, 199–201, 211, 213–216, 220, 223

WE1000　177, 185–189, 222
WE2000　176, 177, 180, 181, 222
WE3000　176, 177, 181–185, 223
WE4000　172, 173, 223
WS1000　193, 201–204, 222
WS2000　18, 177, 193, 196, 198–201, 223
WS3000　177, 193–196, 204, 207, 208, 223

回答所要日数　46, 50, 55, 70, 76, 86
確定受注　65, 67–69, 72, 74, 75, 78, 81, 84, 85, 88, 90, 95, 98, 99, 101, 102, 104, 105, 110, 112, 114, 121, 124, 133, 136, 141, 143, 144, 147, 149, 151–153, 155, 163, 165, 176

索引

確定発注 16, 19–24, 26, 27, 32–36, 38, 42, 43, 51, 58, 65, 68, 73, 74, 82, 84, 85, 88–92, 96, 99–102, 104, 106, 111, 113, 115, 119, 121, 124, 133, 134, 136, 139, 142, 143, 147, 149, 153, 156, 163, 165, 175, 176, 178, 190, 191, 194–196, 208

川上メーカ 70, 74, 85, 86, 91, 96, 97, 101, 105, 112, 116, 125, 137, 144, 150, 157, 166

川下メーカ 74, 85, 86, 91, 96, 101, 111, 116, 125, 137, 144, 150, 156, 166

決済 46, 50, 52, 54, 55, 58, 66, 69, 72, 81, 83, 88, 90, 94, 97, 109, 114, 123, 130, 135, 142, 148, 154, 164, 169, 173, 178, 180, 182–184, 191, 193, 198, 208, 211

在庫 4, 6, 7, 10, 12, 14, 20, 23–27, 31, 35–38, 40–42 , 44–51, 53–59, 62–66, 69, 72, 76, 78, 79, 81, 83, 88, 90, 92, 94, 95, 98, 102–104, 107, 109, 110, 112, 114, 115, 119–123, 130–135, 140–142, 144, 146–149, 152–155, 158, 160, 162–165, 168, 172, 173, 176–180, 182–184, 186, 188, 191, 194, 196, 201, 203–210, 212, 213, 215, 219, 221

在庫情報 42, 45, 47, 51, 55, 56, 103, 110, 115, 131, 132, 147, 149, 155, 163, 165

最終製品 6, 66, 69, 72, 74, 81, 83, 85, 88, 90, 91, 94, 98, 103, 109, 111, 112, 114, 116, 123, 130, 135, 142, 148, 154, 156, 157, 164

仕入 33, 38, 41, 43–45, 47, 53–55, 58, 63, 65–68, 70, 71, 73, 74, 76, 78, 80, 82, 84, 85, 87–91, 93, 94, 96–100, 103–105, 108, 109, 111–115, 121–124, 126, 127, 129, 130, 132–136, 139–143, 147–149, 152–154, 156, 158, 163–166, 172, 176, 178–180, 187, 198, 211, 225

仕入確定発注 68, 73, 82, 84, 89, 91

仕入先 33, 45, 53, 55, 63, 66–68, 70, 71, 73, 74, 78, 80, 82, 84, 85, 87–91, 93, 94, 96–100, 103–105, 109, 111–115, 121, 123, 124, 127, 129, 130, 132–136, 139–143, 147–149, 152–154, 156, 163–166, 172, 176, 178–180, 187, 198, 211

仕掛在庫 4, 10, 12, 27, 37, 65, 66, 69, 72, 78, 81, 83, 88, 90, 94, 98, 104, 110, 114, 123, 130, 135, 140–142, 144, 147, 148, 155, 164

受注 3–7, 14, 22–24, 29, 35, 37, 38, 47–49, 52, 53, 62, 64–72, 74–78, 80, 81, 83–86, 88, 90, 93, 95, 97–105, 109, 110, 112–114, 119–121, 124, 129, 131, 133, 135, 136, 139–141, 143, 144, 147–149, 151–155, 159–161, 163–165, 171, 172, 176, 179, 183, 184, 188, 200, 214, 215

生産開始 64, 65, 68, 73, 82, 84, 89, 91, 96, 100, 104, 111, 115, 125, 132, 135, 137, 143, 147, 150, 156, 163, 166, 171

生産計画 2–4, 9, 10, 12, 19–25, 29, 33, 36, 41, 42, 47, 61, 63–65, 67, 69, 72–74, 76, 82, 84, 86, 88, 90, 95, 96, 98, 99, 104–106, 108, 110, 111, 114, 115, 121, 124, 131–134, 136, 139–144, 146, 147, 149, 153, 155, 160, 162, 163, 165, 172, 176, 190, 194, 197, 206, 209, 210, 215, 218

製造指示 2, 5, 7, 9–11, 35

製品の完成 9, 68, 73, 82, 84, 89, 91, 96, 100, 104, 111, 115, 125, 132, 137, 143, 150, 153, 156, 166, 175

Seto 13, 15, 25, 38

瀬戸 12, 25, 38, 44, 101

問い合わせ 52, 64, 70, 76, 86, 201

内示　1–4, 7, 10, 13, 14, 18–20, 22, 24, 29, 31–34, 38, 42, 43, 45, 55, 61–65, 67–70, 72, 73, 75–79, 81–84, 86, 88–96, 98–102, 104–106, 109–112, 114–116, 121, 122, 124, 129, 131–134, 136, 137, 139, 140, 143, 144, 147, 149, 150, 152–157, 161–163, 165, 166, 171, 176, 178, 180–182, 184, 187, 188, 190, 195, 196, 200, 205, 208–210, 221

納期回答　46, 50, 55, 64, 67, 72, 76, 81, 83, 88, 90, 95, 98, 104, 110, 114, 124, 131, 135, 142, 149, 155, 165

納入　3–7, 9, 14, 16, 17, 21, 22, 24–36, 38, 41–43, 46, 47, 51, 52, 56, 60–73, 76–84, 86–91, 93–104, 109–117, 119–121, 123–126, 129–137, 139–143, 146–156, 159, 163–168, 171, 175, 176, 178–184, 188, 191, 192, 194–197, 200, 202, 203, 205, 207, 211, 213, 215, 220, 221

納入回数　68, 73, 82, 84, 88, 89, 91, 96, 100, 104, 111, 115, 116, 119, 121, 124, 125, 132–134, 136, 137, 139–141, 143, 147, 149, 150, 153, 156, 163, 166

納入先　66–69, 71–73, 77, 80–84, 87–91, 93–98, 100, 101, 103, 104, 109–111, 113, 114, 116, 121, 123–126, 129–137, 140–143, 147–150, 153–156, 163–167, 180, 200

発注　1–7, 9, 12, 13, 16, 17, 19–24, 26–30, 32–36, 38, 40–45, 47–55, 58–60, 65, 68, 73, 74, 77, 82, 84, 85, 88–92, 96, 99–106, 109, 111–116, 119–122, 124, 125, 128, 132–134, 136, 137, 139–144, 147, 149–154, 156, 157, 163, 165, 166, 171, 172, 175–184, 190, 191, 194–197, 204–206, 208–210

発注形式　45, 50, 55

発注残　196, 204, 205

品種数　62, 64, 69, 74, 78, 85, 105

品番数　46, 50, 55, 64, 76

品目名　45, 52, 54, 66, 68, 69, 71, 74, 78, 80, 83–85, 87, 89, 93, 97, 103, 105, 109, 113, 123, 129, 135, 141, 148, 154, 164

本田　12, 25, 38, 44, 101

リードタイム　9, 18, 20, 27–29, 60, 95, 100, 105, 152, 175, 176, 178, 180

流通在庫　66, 69, 72, 81, 83, 88, 90, 94, 98, 103, 110, 114, 121, 123, 131, 133–135, 140–142, 147, 148, 153, 155, 163, 164, 179

ローリング　2, 10, 19, 20, 31–36, 42, 43, 58, 61, 63, 67, 70, 81, 82, 86, 88, 101, 121, 124, 133, 134, 137, 142, 161, 176, 190, 194, 195, 200, 205, 208, 209

ロットサイズ　12, 17, 69, 74, 78, 85, 105, 129

著者紹介

瀬戸廣明（せと　ひろあき）
- 1934年　　香川県に生まれる
- 1958年　　香川大学経済学部卒業
- 1963年　　九州大学大学院経済学研究科修士課程修了
- 1963年　　香川大学助手（経済学部）採用、以後講師、助教授を経て
- 1993年　　九州大学より博士（経済学）
- 1998年まで　香川大学経済学部教授、停年退官により
- 1998年より　高松大学教授（経営学部）

主要著書　『販売会社流通の基礎―統計的研究―』千倉書房、1991
　　　　　　日本商業学会学会賞優秀賞受賞
　　　　　Japanese Production and Distribution in Synchronisation—A Statistical Survey—, 信山社、1992、文部省科学研究費補助金研究成果公開促進費による

本田道夫（ほんだ みちお）
- 1948年　　香川県に生まれる
- 1971年　　京都大学理学部数学科卒業
- 1973年　　京都大学大学院理学研究科修士課程数学専攻修了
- 1973年　　三菱電機株式会社入社　中央研究所勤務（1976年退社）
- 1976年　　香川大学助手（経済学部）採用、以後講師、助教授を経て
- 1991年　　香川大学教授（経済学部）現在に至る
- 学　会　　日本数学会会員（1977より）、ソフトウエア科学会会員（1985より）

主要著書　"The IOTA Programming System—A Modular Programming Environment"『Lecture Notes in Computer Science』, No 160, 1983, Springer-Verlag, 共同執筆
　　　　　「データ管理の技法―ISAM ライブラリとその応用」『CQ出版』, 1992 共同執筆

サプライチェーンの情報構造

2004年2月29日 第1版第1刷発行	検印省略

著　者	瀬　戸　廣　明
	本　田　道　夫
発 行 者	前　野　眞太郎
発 行 所	東京都新宿区早稲田鶴巻町533 株式会社 文　眞　堂 電話 ０３（３２０２）８４８０ FAX ０３（３２０３）２６３８ http://www.bunshin-do.co.jp 郵便番号 (162-0041) 振替00120-2-96437

組版・㈱ディー・クラフト・セイコウ　印刷・モリモト印刷㈱　製本・㈲イマヰ製本所

Ⓒ 2004

定価はカバー裏に表示してあります

ISBN4-8309-4484-6　C3034